別人的快樂建築在我的痛苦上

學會拒絕的勇氣，不再討好任何人

凱倫・艾曼（Karen Ehman）——著

陳雅馨——譯

別繼續困在「濫好人」的囚籠！（依姓氏筆畫順序）

戒掉「有毒的人際關係」，讓自己更好

作家／醫療公益獎得主／
輔仁大學醫學院職能治療學系教授　施以諾

這個世代對有毒的東西很敏感，包括有毒的食品、有病毒的接觸物品，但其實如何面對「有毒的人際關係」也是這世代的重要課題。這本《別人的快樂建築在我的痛苦上》某種程度上就是在回應這樣的議題。

本書作者點出了我們常容易忙著去取悅他人，或是對某些無理也無禮的人妥協。然而，真正的善良不該是把世界謙讓給一些易怒、算計、好嫉妒的人們，不該是去討好那些人，只會求息事寧人，然後痛苦往肚裡吞。鄭重推薦這本《別人的快樂建築在我的痛苦上》。

「討好人」是否蘊含了特別動機？

作家　高愛倫

「打破討好人的習慣」，很像是一個勵志自省議題，《別人的快樂建築在我的痛苦上》則是引用聖經素材，測試分辨我們對很多感受的精準度。綜合以上特色，作者給我們的，是一本有趣的故事書，每一頁都易於朗讀默念，成就我們與別人之間的良好溝通。

作者講到一個有趣觀點，認為奉承就是一種謊言。但是完整的說明應該是這樣：八卦被定義為是在別人面前說而絕不會在當事人面前說的話。至於奉承呢？剛好相反，就是會當著別人面前說而絕不會在背地說的話，因為它完全不是真話。

八卦和奉承都是為了討好不同類型性格的人，我們將在這樣的提醒下，深思自己的行為舉止有沒有特別的動機。

擺脫認可成癮的陷阱

國外各界名人推薦

你難道不希望自己多年前就學會如何以關愛及尊重的方式說不嗎？本書作者以她的個人經驗以及神話語的真理為藍圖，創造了一個珍貴的資源，引導對外界認可上癮的人走出窒息的悲慘生活。

——克莉絲朵・伊凡斯・赫斯特（Chrystal Evans Hurst），
暢銷書作家及演說家

作者提供了看待你的取悅人傾向的正確方法，以便讓你體會到你應得的自由與快樂。這本書是一個很好的指南，幫助你擺脫以討好他人為代價，卻失去自我的有毒模式。

——瑞貝卡・里昂（Rebekah Lyons），
暢銷書《活出更新的節奏》（Rhythms of Renewal）及
《你自由了》（You Are Free）作者

我十分感激作者針對取悅人這個有迫切需要的課題寫了一本書。身為一個曾經為了別人對我的看法而感到痛苦、焦慮及充滿壓力的人，我需要不斷提醒自己這個真理，即我的工作不是為了贏得他人的認可，而是用我的生命來榮耀神。

——克莉絲朵・佩因（Crystal Paine），《紐約時報》暢銷作家、播客主持人及MoneySavingMom.com創辦人

作者的書總是實用、目標明確，而且牢牢地扎根於聖經。這本就擁有所有這些優點，甚至更多。凱倫深入挖掘自己那顆取悅人的心，挖掘出閃爍著真理的無價之寶。就和鑽石一樣，那些堅硬的真理切中了我們對於改變的抗拒，幫助我們專注於取悅神，而非取悅人。這是她至今最好的一本書。

——莉茲・柯提斯・希哥斯（Liz Curtis Higgs），暢銷書《女孩魅力仍無限》（The Girl's Still Got It）作者

如果你裡面的取悅者允許別人把你扯得四分五裂，這本書將幫助你再次重回完整！在凱倫・艾曼的新書裡，你會聽見神在基督裡認可了我們的好消息——這個認可將能使你及時、深刻且自由地愛人。

——派翠克・施溫克（Patrick Schwenk）博士，
牧師、播客「如根的信仰」（Rootlike Faith）
共同主持人、《湖中船》（In a Boat in the Middle of a Lake）共同作者

這本書應該是每位女性的必讀書目！作者十分善於從聖經原則轉向實際運用，她在這本書中沒有遺漏任何一個領域的取悅人陷阱。準備好進行一次真正的對話，一場你也許甚至沒有意識到自己必須進行的對話。

——蜜雪兒・邁爾斯（Michelle Myers），
《她以神的方式工作》（She Works HIS Way）共同作者

讀了第一章，我覺得作者就像住在我的腦袋裡：她是怎麼知道我的想法的？任何對抗取悅人及認可成癮的人，都會覺得被這本書理解——它不但理解讀者，還將讀者引導到基督：我們的救主以及終極的認可者身邊。

——菲莉西亞・梅森海默（Phylicia Masonheimer），「每個女人都是神學家」（Every Woman a Theologian）創辦人及首席執行長

凱倫通過尖銳的故事、堅實的神學及實用的建議，提供了洞見以及令人耳目一新的脆弱性。你會大笑，你會倒吸口氣。而隨著你和她一起經歷了取悅人的揭露過程，你會為自己找到一條前進的道路而感到喜悅。願這本充滿希望的書幫助你以神無盡的接納取代你無謂的痛苦！

——賈斯汀・德特莫斯（Justin Detmers）博士，REO鎮河景教會聚會所牧師（Riverview Church, REO Town Venue pastor）

這本書以最好的方式讓我覺得自己有罪。作者在聖經支持下給你工具，教你如何不再繼續過任人擺布的生活，這樣你就可以開始建立一個取悅神的生活。她教你如何自信地說不，讓你能夠過一種壓力更少、從長遠來看更為充實的生活。

——安柏・艾蜜莉・史密斯（Amber Emily Smith），
鄉村音樂藝人格蘭傑・史密斯（Granger Smith）
的妻子、母親、演員、慈善家及網路名人

在這些書頁中，作者以她從神的話語得到的真知灼見，準確地指出我們為何與取悅人搏鬥，並提供了邁向自由生活的簡單步驟。如果你無法停止渴望得到別人的認可，這本書對你而言是個福音。

——莎倫・霍德・米勒（Sharon Hodde Miller），著有
《與人爲善：爲何人渴望別人喜歡及神如何呼召我們成爲更多》
（Nice: Why We Love to Be Liked and How God Calls Us to More）

獻給露絲與佩特

爲你們討神喜悅及愛人的方式

CONTENTS

第七章 這與你無關（但有時應該有關）171

第八章 真實生活的雜耍 203

第九章 一切都取決於你和神 237

序言

——麗莎・特克斯特（Lysa TerKeurst）

我很想說，我不會為了讓別人高興而苦苦掙扎，好讓自己可以覺得快樂。遺憾的是，這不是真的。我記得第一次有人將我的掙扎貼上「討好人」標籤時的情形。我完全沒有心理準備，掩飾不住被冒犯的感覺。

我真的很愛人們。我的意思是，他們知道無論什麼時候都有我在。這讓我覺得拒絕人的感覺很糟糕，當我說是時，我感覺好極了！我知道我有點累了，但只要我是出於一番好意，這樣做就沒問題了——它是好事，對吧？

而正是這種大錯特錯的想法，證明了我是多麼需要像凱倫這樣明智的朋友，來幫助我做出改變。

在〈馬太福音〉二十二章三十七至九節中[1]，我們看見了耶穌最受到大眾喜愛的一些話

1 除非另外說明，本書中出現之聖經經文均按聖經新譯本（CNV）譯出

語：

「他回答：『你要全心、全性、全意愛主你的神。』這是最重要的第一條誡命。第二條也和它相似，就是要愛人如己。」

愛神、愛人。

凱倫幫助我明白，在這個指令裡有一個優先排序。

優先排序就是我一直缺少的東西。多年來，我總是對人們的請求說好，即便我沒有能力或意願去做別人要求我做的事情。如果真的說實話，我會說，讓我勉強自己討好別人的原因，往往不是純粹出於對人的愛，而是因為我擔心讓人們失望要付出的代價，而我不知道該如何處理這種情緒。於是我不斷嘗試要贏得別人的認可，最後這令我覺得自己的身心都被掏空了。

這時是我的朋友凱倫，幫助我重新排列我的優先順序：不是「愛人，這樣他們才能向你保證你會被愛」，而是「愛神」，確信你已經被愛，並且以此為出發點來生活。然後再以這種自信及同情體恤的心態為出發點，以恰如其分的方式來愛人，而不是持續地消耗自己。

當你發現自己處於同樣的掙扎時，你有一個很好的同伴。凱倫是個溫暖風趣的人，不僅有吸引力，而且心地十分善良。但她太愛你了，所以她不會讓你一直去取悅別人，卻讓自己痛苦。

我們要誠實，這樣做讓我們付出了代價。

我們要承認，這樣做可能會讓我們無法將最好的一面，留給我們應該優先重視的人。

我們要承認，當我們一次又一次地做出超出我們能力和意願的承諾時，我們感到多麼無助。

我們要勇敢，拿出足夠的勇氣，做出改變。

我們要站出來以身作則，讓人們知道，當你擺脫取悅人的習慣，能夠不帶有隱藏目的地真正去愛人時，這種做法有多麼健康。

我們要學習擁有足夠的空間，安靜下來，以平靜的心完全活出一種榮耀的生活，我們要真正地活著。

第一章
取悅人的牢籠

我在一件運動衫上偶然看到這句話：「你無法讓每個人都高興，你不是個披薩。」

我現在是要得人的歡心，還是要得神的歡心呢？難道我想討人歡喜嗎？如果我仍然要討人歡喜，就不是基督的僕人了。——〈加拉太書1:10〉

又答應了不想答應的請求

我抓了一把面紙，從通向露天平台的拉門衝出去。那是悶熱潮濕的一天，五月下旬，美國中西部的午後時分。即使身體更想待在冰涼的冷氣房裡，但我的思緒迫切需要逃離。逃到某個地方，哪裡都好。我兒子那天開我的車去上班，所以我去不了太遠的地方。

我家後院的火坑附近有塊樹木繁茂的地方，我撲通一聲坐在放在那裡的一把戶外躺椅上。我曾坐在那把亮藍色的椅子上看過許多場棒球比賽，在我兒子們站上本壘板上擔任打擊手時，或是站在投手丘上準備投出曲球時，為他們加油。也許現在我也可以幫自己打打氣，但我很懷疑自己是否辦得到。因為對我而言，我的情況——或者是我即將面臨的未來——沒有什麼事情是值得高興的。

我和大學時期最要好的朋友剛通完電話。我們在彼此的生活中已經超過二十五年了，她一直都把我的最佳利益放在心上。跟她聊天是我生活中的樂事，可以令我的精神大大振作起來。事實上，每當我們結束談話，我會掛上電話，心想：哇，跟她說話簡直比上教堂還靈！我們從青少年時期就一起度過生活中的起起伏伏。我們會為彼此的婚姻禱告，分享我們身為人母遇到的困難，討論如何幫助我們年邁的雙親。我們彼此鼓勵、提供建議，或者只是傾聽對方分享一些生活瑣事，然後在我們各自手忙腳亂地趕著將晚餐端上桌時，對著電話擴音器大笑。

但是這通電話不太一樣。雖然我的朋友不知道，但是當我們結束通話時，我卻沒有任何振奮或煥然一新的感覺。我覺得自己被徹底擊敗，情感上疲憊不堪。但並不是她說了什麼讓我感到如此沮喪，完全不是。好吧，那到底是什麼把我逼到邊緣，幾乎要奪走我心中的快樂，並使我的靈魂如此煩躁呢？那是一件我做過幾十次……也許是幾百次……說實話吧，可能是幾千次的事情……

我又說了「好」。

我們家之前搬到了我的家鄉密西根州首府蘭辛（Lansing）外的一個小鎮，而她就讀大學的兒子正在面試該市一個組織裡的暑期實習。她打電話來是要告訴我他剛接受了職位，很快會在州際公路上的一個地方工作，那裡距離我們的新家約十五分鐘路程。這份工作的描述聽起來再適合他不過了，他對即將展開的工作感到雀躍不已。

不過，從他在底特律的家出發去上班，單程就需要一個多小時的通勤時間。這大多數時候不是問題，因為他上的是典型朝九晚五的班。但是有些日子他要負責待到很晚，打完烊，他回到家時已經接近午夜了，但隔天早上他還是需要照常起床工作。她知道他有時會遇到這種情況（一個禮拜也許一、兩天），所以就問我那些晚上他是否可以跟我們一起過夜，睡在我們的客房。

現在這傢伙一點也不是問題所在。我們認識他一輩子了，他是個有趣的人，尊重人，而且很善良。所以，他是誰和我腦海中展開的一小段對話一點關係也沒有。這是「外在的」我和「內在的」我之間的一段對話，也是我的大腦早已主持過無數次的一場討論。以下是那天的對話情況：

內在的我：喔不。我對這件事沒把握。我想我們這個夏天已經有太多事情要做，實在沒辦法讓一個客人每個禮拜來過夜幾天。我該拒絕。

外在的我：可是如果你拒絕，你的朋友會失望的，她只是想幫幫她的兒子。

內在的我：我知道，但我就是覺得有點勉強。家裡的事和事奉工作已經消耗我太多精力。我該拒絕。

外在的我：但是如果你拒絕，你也會讓你朋友的兒子失望，這樣你就會讓兩個人失望了。再說，他人那麼好，你該幫幫他。他肯定不會造成任何麻煩的。

內在的我：我知道自己是個什麼樣的人。我會想要確保他的房間有乾淨的床單和剛洗好的毛巾，晚上我會熬夜等他來到這裡，在他睡前給他弄點吃的。雖然我通常是個好客的人，但是這會給我帶來壓力。

外在的我：別這樣說嘛！你可是一心多用大師，你可以同時處理一大堆事情。插進這件小事不會有什麼大不了的。你只需要把事情東挪西挪一下，以你的能力肯定沒問題，你可以搞定它的。

內在的我：喔，親愛的。我的思緒開始賽跑，心臟也跳得飛快。我還在處理父親過世的事，我的繼母、岳母和生母（她們全都上了年紀），有時需要我的幫助。我們的新家還在重新裝潢。事實上，客房裡堆滿了新地板要用到的木板，而新地板還要好幾個禮拜才會鋪好。我才剛成爲人家的婆婆，我需要抽出時間陪陪我的新媳婦。喔，差點忘了！我們家的一個朋友幾天前才傳了封訊息，問我是否能在我家住幾個週末，他剛成爲一名私人採購，希望能在城裡接到幾個客户，幫助他的新事業有個好的開始，我已經答應那個請求了。喔，我到底在想什麼呀？我怎麼有辦法處理好這一切呢？

外在的我：女孩，冷靜點！你完全可以應付的，你應付不了的是沒有接待你的朋友，那會比壓力大的感覺更糟。現在聽著，你有個選擇：不是讓她失望，就是爲自己帶來一些不便。你知道正確答案，答應就對了。

內在的我：我不該答應。

外在的我：你必須答應。

內在的我：我真的不該答應的。

外在的我：喔，但是你得答應才行。

內在的我：不，我很確定我不該答應。

外在的我：喔，別再自欺欺人了，你知道你會的！

然後外在的我張開了她的大嘴巴，響亮地說出：「當然，沒問題！」

與此同時，在我的內心，我的精神瞬間隨著壓力的飆升而變得萎靡不振。於是我嘟囔著得去洗衣服之類的事，結束了那個通話。但我沒把衣服拿去洗，而是吞了些制酸劑，好治療我日益嚴重的胃潰瘍，然後出去外面狠狠大哭一場。

我是怎麼落到這種地步的？

很少有人能夠做到完全不討好人。我們大多數人都曾經言不由衷，只因為我們不想傷害別人的感情。你知道那種情況吧，當朋友問你對她新買的那件時髦的霓虹藍連身褲有什麼看法，她愛死那件衣服了，但是你覺得那件衣服至少小了兩號，而且讓她看起來像是個臃腫的藍色小精靈？內心深處的你可能覺得那件衣服糟透了，而不是棒極了，但你還是會勉強擠出一個笑容，從嘴裡吐出一個虛假的讚美「哇！它看起來真不錯！」

為什麼我們會說一些言不由衷的話？不只是因為不想傷害別人的感情，在許多情況下，我們這樣做是因為**渴望被人喜歡**。假設我們還是高中生，倘若可以選擇要成為一個朋友都沒有的傑出運動員，或是成為在運動場上笨手笨腳，卻在返校同學會上收到「最受歡迎人物」的頭冠，誰想成為明星運動員呢？（不好意思，我在整理我的頭冠。）

大多數人都會採取那些安撫別人的說法或做法，以免發生衝突。或者因為懷疑我們可能會受到挑戰，所以不說真心話。還有這個理由聽起來怎麼樣？——我們只是當下不想被人糾纏，如果我們贊同他們，也許他們就會高興地離去。

這些當然都是正當的理由。但有時我們還有更深的理由。

我們可能會對職場中的上司撒點無關痛癢的小謊，希望他們會對我們有好感——尤其當他們對你在這家公司中的升遷前景有說話的權利時。或者我們也可能出於真誠的同情而這樣做，當某個人反覆經歷沮喪或一場可怕的悲劇時，為了避免增加他們的悲傷，我們不會說些可能讓他們難過的事。也許這類情況中最嚴重的，是某個人陷入家庭暴力的處境中。這個人會說出他們的施暴者想聽的話，不管那是不是自己真正的想法或感受。因為他們不能著冒激怒施暴者的風險，以免成為他們主要的憤怒發洩對象。

當你深入挖掘討好人們的原因時，你會發現**導致退讓及安撫對方的原因，不只是我們希望讓他快樂的那個人的反應而已**。對一些人而言，這是天性造成的——是獨特個性的產物。雖然我不會深入探討具體的人格測驗和理論，因為已經有很多很好的作品可以參考了，但我確實認為，當談到可能沉迷於他人認可的那類型人物時，共通點是存在的。她可能是那種樂於助人、心地善良、性格最有耐心的人。她真的以幫助他人為樂。對這樣的女性而言，跨越底線並提供超出合理範圍或對方所需的幫助，是她的第二天性。

另一類的人可能在讓別人快樂的同時，卻讓自己過得很悲慘，那就是我們之中的優等生。受到大家的喜歡與敬佩似乎是我們（是的，我在這裡說的是「我們」，因為我百分之百是這種類型的人）無論如何都必須達到的成就。

我們別漏掉完美主義者。這些人會受到安撫及滿足他人欲望的拉扯，因為他們認為這麼做是正確的。他們為了讓其他人開心而不遺餘力，一刻也不放鬆。

既然談到這裡了，讓我們把所有和平締造者都放在一起談談吧。（動作溫柔點，因為他們有著敏感而細膩的靈魂。）和平締造者不忍心看到任何一個人不高興，他們討厭衝突或是空氣中瀰漫著緊張不安的情緒。如果說些言不由衷的話（或是做點他們真的不想做的事）可以有助於維持和平，安撫其他人，那麼他們就會這樣做。

雖然我們的理由和個性可能各不相同，但是我們會從自己一直在說「是」的行為中看到一個共通的結果。那就是：**嘗試使別人快樂（或保持快樂心情）的結果，往往令自己痛苦不堪。**

你知道這種感覺。你答應承擔某個責任，你同意了一項任務，你在你真正的感覺是害怕時假裝覺得很興奮，現在你的腦海中充滿了悔恨，恨不得時光倒流，回到你的嘴唇吐出了「是」，但其實你應該狠狠說「不」的那一天。但如果時光回到情況發生的那天，而你真的有機會重新來過，事情真的會有所不同嗎？畢竟你已經如此習慣取悅別人，以至於取悅已經成了你生活中永久存在的一種模式。當你在寧可拒絕時微笑著說好；在你違背自己真正的想法而假裝完全同意時，你已經讓取悅的習性永久成為生活的一部分。不要讓別人生氣，不要讓他們垮下臉來。照他們的意願去做，無論你真正想要的是什麼——或甚至不去管自己迫切需要什麼。

渴望被喜歡

我家附近有個紅磚砌成的小學，它的體育館舉辦過許多活動。我們不僅會在禮拜五下午走去那裡上體育課，那裡還是我們的學校餐廳，以及我們的禮堂。（我們該把它叫做餐廳體育館禮堂才對！）我可能會靠在那牆上希望自己可以早點被選進躲避球隊，也可能會站在台上，在學校的聖誕音樂會和同學們一起合唱，或在春季獨奏會上高歌。但我最常去那裡吃午餐，一週五次。

沒有人會忘記拿著午餐餐盤緊張地站在那裡，掃視整個餐廳想找個位子坐下的感覺吧？這類記憶的心理閃回（mental flashback）仍然會激起我們的焦慮感。沒有一個場景比這更容易讓人產生被拒絕感、或至少孤獨感了。但是我從不擔心一個人坐，因為我的口袋裡有個祕密武器。事實上她就站在送餐檯的後面，面帶微笑地舀起馬鈴薯泥和肉汁。那就是我的母親，我心愛的德爾它中心小學（Delta Center Elementary School）午餐女士。

在那個餐廳，如果我想要贏得朋友好感（或影響敵人），母親就是我的法寶。除了長方形粉色系塑膠餐盤上會堆滿食物之外，我們還可以選擇買一個冰淇淋三明治，價錢只要十五美分。我媽常會請我還有那天湊巧和我坐在一起的朋友吃一個，所以自然會有很多人想要當我的朋友。我的意思是，誰會不喜歡上面灑滿巧克力餅乾的香草奶油冰淇淋？（立刻拿起手機，在購物單應用程式上加進「冰淇淋三明治」吧。）

我母親這個善意的舉動教會了我重要的一課：你讓人們開心，他們就會喜歡你。而因為當時年紀還不滿十歲的我，並不享受不被人喜歡的感覺，我決心只要我有能力，絕對不讓這件事情發生。送同學一個冰淇淋三明治不是我維持友誼的唯一工具，我會用其他行為確保我能感到被需要及被愛。我不是發自真心地說出讚美、點頭同意，而是為了不要造成緊張或衝突，當然，我也加入班上刻薄女孩的行列，一起討厭某個同學。我不得不這樣做，如果我不這樣做，那些刻薄的女孩轉而攻擊我，該怎麼辦？

我很快就成了一個對他人認可上癮的人——我渴望歸屬感，沉迷於被接納的感覺，渴望對話中沒有緊張感的平靜，以及為我年輕的靈魂帶來的、那種被人喜歡的安全感。但是這種生活方式有個問題……

那就是要繼續過這種生活，你就必須成為一個熟練的騙子。

是的，你沒聽錯。討好別人的人也往往是欺騙人的人。我們並不總是說真話，我們在真話裡摻水。我們迴避說真話，我們必須將真話修飾過，然後才敢說出來。或者（更糟的是）我們完全不說真話。

當人們問到我們對撒謊的看法時，我們這些「點頭女孩」會毫不遲疑地說，撒謊是錯的。畢竟聖經中不是充滿了對於遮掩真相的罪的各種警告嗎？但是仔細看看我們的生活，就會發現一個不同的現實顯現了。通常，當取悅人時，我們並不會說真話。承認這個現實的那天，對我而言是個巨大的覺醒呼召。頓悟的那一刻，幫助身為討好者的我走上了復原中的道路。請注意，當我說復原時，我用的是現在式。我還沒有抵達終點，我也永遠不會抵達終點。學習處理這種關係課題，是種需要設法對付的緊張關係，它不是個彈指之間就能解決的問題。（但姐妹啊，我真希望它是這樣！）

猜猜討好別人還會對我們產生什麼影響？雖然這樣做可以讓我們贏得樂於助人、能幹的美名，但是它也為我們創造出大量的額外工作。難道不是這樣嗎？

安撫別人在哪些方面為你帶來了更多工作呢？你是否熬夜為孩子的足球隊烤了一堆布朗尼蛋糕，儘管你睡眠不足並且度過了超級忙碌的一週，而還有很多足球媽媽在這個賽季，連一個甜點都還沒做過？你是否答應這個夏天幾乎每個禮拜都去幫年邁的祖父母的院子除草，雖然你有半打的表親，很容易可以輪流來除草？（但你不想說出來並建議他們讓你休息一下。）你是唯一一個會在上班時清理咖啡機的人，而且——現在你已經做這件事這麼久了——人們期待你這樣做，儘管他們完全有能力自己動手？於是，你這個被指定的休息室管理員，只好繼續當下去了。

我們為自己創造的工作不只限於體力方面，還有更多情感方面的工作。這些情感工作消耗人的精力，令人疲憊不堪、惱火不已。我曾為答應其實不想去做、或甚至強烈感覺到神不會要自己去做的事情而感到後悔。當隱隱覺得被人利用或是占便宜時，我有時要處理我的憤怒。當我覺得無能為力，擺脫不掉承擔別人可以自己輕易做到的任務的習慣，我會陷入深深的沮喪中。但最重要的是，當我在努力應付為了想要被人喜歡及認可、而承擔的各種責任及任務時，那種籠罩我心靈的枯竭情感。我在心裡一遍又一遍地播放那些使我筋疲力竭的決定場景，一邊想像著原本可以——也應該要——有什麼不同的做法。

我們的內在自我（它深藏在我們心靈的祕密對話中）其實有能力找到各種方式來拒絕。**禮貌地推辭；不再自告奮勇；讓那個碎唸不停的人繼續碎唸，而不是答應他們想要我們去做的某件事**。是的，我們在內心可能有絕佳的理由及合理的解釋，最終可以讓我們過著坦率而誠實的生活。麻煩的是，那個對認可上了癮的外在自我，似乎就是無法發出適當的訊息。

討好別人為我們的生活帶來了如此大的傷害。我們讓自己過著悲慘的生活；我們說謊；我們為自己創造出更多工作，在體力及情感方面都是。我們長期處在後悔的情緒，這一切都令人陷入深刻的沮喪中。但是你知道最糟的是什麼嗎？

當我們這樣做時，就是把人放在神的位置上。

真糟！

一個「必要」與「拒絕」的夏天

幾天後的一個傍晚，我發現自己又坐在火坑附近的戶外躺椅上。隨著我平靜下來，停止了我最近一次自發的哭泣時，胸口的起伏也緩緩平息。陽光穿越高聳楓樹跳動的樹枝產生了光影，當我抬頭凝視著它，我向神傾訴了關於我和大學摯友的那通電話的心聲。當然，祂已經知道整個故事了，包括我應該拒絕卻答應的可預見結果。但是將內在的想法告訴神的感覺還是很好。我只希望沒有其他人聽到我說的話——除了住在那些樹上的五、六隻黑松鼠外，牠們打發時間的方式，就是從我們的餵鳥器裡面偷走鳥食！畢竟只是想安安靜靜吃頓晚飯的鄰居們，可不需要一邊吃晚餐還要一邊看表演哪。

我的手機放在身旁的一個小桌子上。我伸手拿起手機，點開一個閱讀聖經及查找經文的應用程式。一路滑到經文查詢的頁面，接著點了一下，在搜尋欄裡打進三個字：取悅人。就在我點了那個「開始搜尋」的小小放大鏡後，彈指的功夫，二十三處經節就出現在我的眼前。我讀了那些經節。儘管經節中都有這些詞，但並非全部適用於我的情況。但是當我看到第二十二個經節時，它的話語就好像閃爍的粉紅色霓虹燈，直接刺穿了我的靈魂。

使徒保羅曾經寫過一封新約書信給加拉太的初代教會，這個地區是今天土耳其的一部分。雖然這封信寫於主後五十三至五十七年間，但它所傳達的訊息在今天仍然有很大的意義。〈加拉太書〉有很大的篇幅描述那裡早期基督徒，從一個被稱為「猶太派信徒」（Judaizer）團體感受到的壓力。這個團體的成員堅持，改信基督教的人仍須遵守某些舊約的律法實踐，他們聲稱必須這樣做才是個真正的信徒，並且得到救贖。保羅糾正了這種觀念，提醒大家基督的真正福音是只要相信祂的人就能得到救贖，祂在十字架上為我們代死，為我們鋪成了通往天堂之路。（〈加拉太書〉一章六至七節、三章二十六節）

在這個給加拉太人訊息的開頭，保羅拋出了一個重要的問題。這是我已經學會經常問自己的問題，我真希望總是能回答出正確的答案。可悲的是，我不是。但我一直在進步，而我知道你也可以！

這個問題是什麼呢？它是這樣問的：「我現在是要得人的歡心，還是要得神的歡心呢？難道我想討人歡喜嗎？如果我仍然要討人歡喜，就不是基督的僕人了。」（〈加拉太書〉一章十節）

停！暫停播放！等一下——什麼！聖經時代的人也會因為取悅人而掙扎嗎？我的意思是，

他們不是都很完美，像是自帶可以和最絢麗的Instagram濾鏡媲美的光環一樣，唱著剛從自己的屬靈Spotify應用程式下載的最新敬拜歌曲嗎？

才不是。他們就跟我們一樣，也要處理生活中這種緊張的人際關係。今天，當我們被困在跟從神還是屈服於來自人們壓力的拉鋸戰時，我們會好好地思考保羅的問題。

我一遍又一遍地讀著這段經文，將它定罪般的問題及有關的短語牢記於心。「我現在是要得人的歡心，還是要得神的歡心呢？難道我想討人歡喜嗎？如果我仍然要討人歡喜，就不是基督的僕人了。」

但我知道死板地背誦並不是整件事的關鍵。我不只需要把這些話烙印在腦海中，更需要將它們銘記在心，讓它們改變我的行為，並且（雖然我當時並不知道）徹底改變我的人際關係。

接下來的幾天裡，我持續與神交談，並深入咀嚼祂的話語。就在那時，我感覺到祂正在引領我去做一件十分不尋常的事，一件我過去從未做過的事。我把這個想法告訴我的丈夫，他非常支持我。事實上，多年來他一直都希望我去做一件像這樣的事。這個想法是什麼？其實很簡單。我感覺神正在告訴我：**「親愛的，我要你去過一個『必要』與『拒絕』的夏天。」**

這就是我的想法：直到美國勞動節為止，接下來的三個月我只做我的工作、我的家庭及家人需要我做的事，不做其他事情。沒有外來客人；不幫誰照顧小孩；不幫別人解決問題；即使是很簡單的事情也不報名參加，例如幫托兒所的孩子們做教堂禮拜時吃的點心；即使是非常好的事情也不答應，比方說跟朋友一起參加聖經研讀會。**我只做必要的事，其他的事情一律拒絕。**

我知道這聽起來十分嚴格，但這是我成年後超過二十五年以來第一次真正的休息。二、十、五、年。可怕！早在我高中後期，當我初次遇見耶穌並開始跟隨祂時，我就開始對取悅人、甚至是過度服務感到內疚。你可以指望我會是第一個舉手提供協助的人，我會幫忙布置或打掃清潔——如果有需要的話，我都會去做！準備食物或看顧教會托兒所的小孩；幫忙跑腿及減輕負擔；隨時讓自己看起來游刃有餘、閃閃發光。但是在四分之一個世紀之後，我真的需要休息——非常徹底的休息。

接著，我知道這項新功課的下一步該做什麼了。我打了幾通電話、傳了幾個訊息。我必須取消一些事情、放掉一些事情、收回曾經做過的承諾。基本上，我需要清空行事曆，讓我在即將來臨的夏季可以擁有十四個星期的完整休息時間，除了重要的事情之外，其他一律刪除。我知道對一個總是想著「不管它對我有什麼影響，大家會怎麼看我」的女孩來說，這會是件十分痛苦的事。但我還是硬著頭皮，拿起了手機。

我希望我可以說，電話那頭，每個人都能用很好的態度接受我的決定；他們明白我有多需要好好休息一下，並讓我知道我其實當之無愧，但事情並非如此。有些人的態度很親切沒錯，但是他們的真實想法難以解讀。我不確定他們是對我不高興，還是因為不得不採取備案而感到失望。只有少數人會高興地說「沒問題！」並支持我的決定。其他人則試圖讓我感到內疚，雖然是用隱晦的方式暗示我，他們將會因為我不再愉快地滿足他們的某個需求而感到不便。

然後我要打最後一通電話——給我大學摯友。我知道那通電話是最難的，因為我和她的關係最親近，因為我們之間有著過去（以及未來）多年深厚的友誼。如果我答應她的請求，就會真正幫助到她的兒子，他在實習期間偶爾需要一個住處。我很抱歉這次要讓她失望了。

拖著沉重的腳步回到火坑旁，很確定松鼠們現在已經很習慣不停啜泣的我，如果我又哭了起來，牠們不會在意的。（我有點期待牠們會召來紅雀和冠藍鴉，牠們會在空中飛翔，向我輕輕拋下牠們嘴裡叼著的小手帕。你知道吧，就像灰姑娘或白雪公主的森林好朋友會做的那樣？）我滑開手機螢幕，撥了她的號碼。（是的，我說我「撥了」。因為她過去幾十年來都使用同一個我早已熟記於心的號碼。我們的關係就是如此親密。）

當我向她吐露我的困境，抱歉我答應了她，但心裡明明知道答案應該是「不」才對時，我基本上還能保持冷靜。我的朋友愛我，雖然也許會有點失望，但我有信心她能諒解。然而，當我聽見手機裡傳來她的聲音時，我卻沒有準備好會迎接這股愛的衝擊——以及耶穌的清晰反照。

這個平時說話輕聲細語的女士開口了，「聽著，凱特。」（這是我大學時的暱稱，如果你不知道的話。）「完全沒問題的。不要再去煩惱這件事了。我們會想出其他辦法。我更關心的是你，還有你的健康。好好休息，我們可以過段時間再聊聊。我整個夏天都會關注你的情況的。」

隨著我們的談話繼續，我也逐漸卸下肩膀上緊繃的緊張情緒。我的靈魂漸漸舒緩開來，情緒也歸於平靜。她對我真心實意的關心至為明顯。她的聲音中甚至聽不出一絲失望。

她自己在最近幾年也經歷了一些低潮，她的親人深受壓力、焦慮所苦，精神近乎崩潰，有時情況糟到甚至無法工作。她曾看著這個人度過了情緒動盪的時期，這個經驗讓她的心充滿了同情與理解。她的仁慈回應讓我一個多禮拜以來，第一次能夠沉沉入睡，也讓我確信，當我做出對他們不是最有利的決定時，那些生命中愛我、也希望我跟隨神的人會理解我。她的善意是那天最棒的禮物。

你呢？討好人的傾向曾讓你至少一、兩次陷入心痛的境地嗎？你是否厭倦了表面同意一件事，內心卻確定自己根本不該這樣做？你是否取悅了每個人，結果卻讓自己一點也不開心？你是否迫切需要一個自己的「必要」與「拒絕」的夏天？還有——如果你完全誠實的話——你承認有時候你把人們放在神的位置上嗎？

如果你認同以上任何一個問題，哪怕稍微承認，我邀請你加入我，一起走上這條我正學習行走的道路。我只不過在你前面幾步而已，雖然仍在摸索著自己的方向，但隨著對這段旅程越來越熟悉，我發現它不再那麼可怕（與困難）了。**就像是肌肉需要鍛鍊，但隨著時間經過會變得更強壯一樣**，辨別並判斷什麼能夠討神喜歡、而不是討人喜歡的能力，也是如此，隨著你在耶穌同行的旅程中向前邁進，它將變得更為敏銳。

現在，和我一起去我的小楓樹林坐坐吧。我們將坐在火堆旁，也學習坐在耶穌的腳邊。也許會有一、兩隻黑松鼠，甚至還有一些披著彩色羽毛的小鳥朋友們會加入我們。但是很快地，隨著聖子幫助我們驅散因取悅人的方式而經歷的黑暗，陽光會劃開樹葉投下的陰影。

我們將一起學習如何放下他人的想法與期待，與我們慈愛的造物主緊密（而且自信）地同行。

✦ 測驗：你的支持率是多少？

我們經常會看見新聞報導告訴我們，一個政治人物的支持率是多少。這是民意調查的結果，目的是知道被調查的人中，有多少比例的人對這個人的工作感到滿意。該是對我們自己進行民調的時候了，但是這一次的民調有些許的不同。

閱讀以下的文字，運用下面提供的答案，記下最能描述你的數字，接著將數字加總，看看你在支持率量表上的位置。

5 從來不曾
4 很少
3 有時候
2 通常是
1 總是如此

（　　）問題1：當人們問我對他們的衣著、髮型、新鞋子等的看法時，我很難表達自己的真實看法。

（　　）問題2：如果我在一個正要決定去哪裡吃飯的團體裡，而大多數的人已經決定好要去甲餐廳，但我想去乙餐廳時，我會順從他們的選擇，而不是說出自己的意見。

（　　）問題3：我在一個小組裡，領導者正在詢問是否有人願意志願執行某項任務，我一定會是那個報名做某件事或提供食物的人之一。

（　　）問題4：我對於別人指出我的錯誤很敏感。

（　　）問題5：當我開始揣測別人對我的決定可能會有什麼看法時，我會自我質疑自己的決定。

（　　）問題6：當人們（通常是陌生人）在談論政治，而且他們和我在我認為很重要的道德課題上站在對立面時，我會把我的意見藏在心裡，而不是告訴他們真實想法。

（　　）問題7：即使是想像人們感到不滿，也會讓我覺得不舒服。

（　）**問題8：**我在一個小組裡，人們要求我發表意見，當我說完話時，我希望人們會附和並同意我的看法。

（　）**問題9：**如果你檢視我的生活，你會把我形容為一個經常做出超出能力承諾的人。

（　）**問題10：**當我遇到新的人，我希望在我們相遇後，他們會喜歡我。

（　）**問題11：**我害怕暴露我的真實想法，因為我可能被認為是個徒有其名的人。

（　）**問題12：**如果我百分百誠實的話，我必須承認，有時我說謊是因為我害怕得到別人的負面反應，所以我會說我知道他們想聽的話。

（　）**問題13：**當我和某人交談時，我也許想勇敢說出某個不會讓對方感到高興的想法，但我會擔心失去這個朋友。

（　）**問題14：**我對於和直系親屬家人表達真實想法毫無困難，因為他們愛我，但是除了家人，對於可以選擇喜歡或不喜歡我的其他人，我確實很難向他們表達自己的真實想法。

（　）問題15：如果我察覺某人不喜歡我，我會感到困擾。

（　）問題16：對我只有表面上認識的人，會說我是個十分可靠、樂於助人的人。

（　）問題17：我很渴望得到言語上的讚美，無論是口頭，還是以電子郵件、簡訊或社交媒體上的數位書寫方式表達都好。

（　）問題18：我寧可答應一件會為我帶來更多工作的事，也不願意因為拒絕而讓提出要求的人失望或不高興。

（　）問題19：我會言不由衷地讚美別人。

（　）問題20：我想要讓其他人高興的渴望，最後會讓我感到輕微痛苦。

你的總分：（　　）

好了，你回答得如何呢？來看看你的分數所在的位置吧。

總分81至滿分：你真的沒有因為嚴重的取悅他人傾向而破壞了你的生活。你做得很好！你還是會從這本書中受益，但是當你讀完這本書後，可能會想把它傳給一個取悅者，因為你覺得他們可能需要每年都讀它一遍！

總分61至80分：你在取悅人的量表上可能只是平均值。有時你會有此傾向，但其他時候你對表達自己的真實意見毫無困難，也不會承諾超出能力的事情。好極了！雖然你肯定有進步的空間，但是有更多人都需要像你一樣。

總分41至60分：取悅人以及沉迷於來自他人的認可，只是你生活中的小毛病。當事情與某些人有關時，你也許會與此有番角力，但是與其他人有關時則沒有這問題。你可以學習向前邁進，逐漸減少擔憂某些人看法的傾向。

總分31至40分：沒錯，認可成癮對你來說絕對是個問題。很可能它已經為你帶來悲傷及難過，但你似乎無法停止這麼做。準備好了，親愛的。我們要做出一些改變了！

總分21至30分：歡迎來到「讓別人開心！」俱樂部，我是這裡的創始會員。人們喜歡我們。他們真的喜歡我們！他們覺得我們很能幹，而且樂於助人。我們的行程總是排得滿滿，但我們的心卻時常空虛。是時候停止尋求他人的認可，開始相信神了。

總分20分：親愛的姐妹，馬上打個電話給我！我們需要有人來幫忙了！你的分數甚至比我這個討好人專家還低吔！（我曾經拿過27分，但是當我剛才重新做這個評量時，我已經進步到53分了喔。有進步！）

第二章

我們在害怕什麼（或到底在害怕誰？）

做你自己，說你想說的，因為介意的人不會是重要的人，而重要的人不會介意。── 蘇斯博士（Dr. Seuss）

懼怕人的，必陷入網羅；倚靠耶和華的，必得安全。──〈箴言〉二十九章二十五節

壓垮自信的唯一批評

當我還是個青少年，我喜歡和我媽一起收看晚間新聞。很特別，我知道。我同年紀的人裡，對丹・拉瑟（Dan Rather）[2]比對丹・艾克洛德（Dan Aykroyd）[3]感興趣的人並不多。但我是。因此，我一進高中就報名參加了一個新聞班。這使我可以為我們學校的報紙擔任記者，後來我又當上了體育版的編輯。

大多時候的我專注在報導足球或網球比賽。有時我也會寫一篇關於「本週運動員」的專題文章，對象可能是最近投進三分球贏了球賽或在地區體操賽事中奪魁的運動員。但有一次報紙的總編輯請我為專欄版寫篇文章。這是社論版，你要針對某個議題發表一篇原創性的文章。

一開始，我想要禮貌地婉拒。我對於報導中繼打擊率、投球命中率，或是游泳比賽的綜合得分更得心應手。我不確定我想要讓全世界（我的意思是整個學校）知道我的想法。畢竟，如果有人不同意我的想法，該怎麼辦？如果他們反駁我呢？然而，那位編輯卻繼續催促我答應，最後我還是答應了，我開始寫我的文章。

我決定要寫一篇我認為相當沒有爭議的文章：向一位最近因癌症過世的學生運動員致敬的文章。他深受同學及老師的喜愛，個性和善有禮，經常鼓勵人，身為一名運動員也有一些成功的表現。接下來的幾天，我持續寫作及改寫這篇文章，直到終於完成。它被安排發表在我們的校園報紙《彗星傳奇》（Comet's Tale）的下一期上。（我們學校的運動校隊被稱為彗星校隊，所以我們的刊物有個很巧妙的名字。）

一開始，這篇文章得到了壓倒性的正面回應。同學們會在走廊上攔住我，說他們有多喜歡它。幾個老師也告訴我這篇悼念文很感人。我甚至被提名角逐家鄉州校報的年度傑出社論新聞報導獎。我高興得整個人飄飄然。我想起莎莉・菲爾德（Sally Field）發表她如今十分有名的得獎感言的情景，我的腦袋自動告訴我：他們喜歡我。他們真的喜歡我！但是過了不久，我的美好泡泡就被戳破了，我的信心就像彗星一樣從天空斜斜地撞向地球。

一天下午，總編輯收到這位已故運動員所在班級的一名學姐來信。她曾經是他非常親密的朋友，她毫不保留地分享了她的想法。

2 美國知名新聞記者、新聞主播。
3 美國知名演員。

她對這篇社論中的一小句措詞有意見。當我在描述這名學生運動員對整個學校的影響時，是從一個假設每個人都知道他是誰的角度來行文。但是，我們高中有將近兩千名學生，也許有些人對他的名字並不熟悉。因此，我在那個句子的開頭用了一個措詞，大致是像這樣：「也許你甚至不知道××（該學生的名字）是誰，所以也許你在想，『為什麼這件事對我很重要？』它很重要是因為我們彗星家族的一名成員隕落了。」我認為這是個簡單的方式，可以讓那些不認識他以及可能不關心這篇文章主題的人參與進來。我想都不會想到它可能會大大激怒某個人，但我錯了。

這位運動員的朋友抗議，認為說一個已逝的人「在學校的一些學生眼中是個無名小卒」不夠尊重。當然，我沒有說他是個無名小卒，我只是說也許一些讀者沒有聽過他的名字。然而，在她悲傷的心聽來，這就如同我稱他為無名小卒。

那位總編輯似乎不是很在意這個學生的反駁，畢竟這封信上只有一個人的簽名，它又不是封請願書。我們甚至沒有從其他人那裡收到任何一點負評。但是幾十年後的今天，當我回想起那篇文章時，我記得的不是老師和大多數同學都認為它很感人、寫得很好，甚至也沒有回想起我被提名角逐所在州的社論獎。沒有。我的大腦用雷射光般的專注記得的事實是，在近兩千個人裡面，有一個人不認可我。

我擔心的事情發生了，有人不喜歡我的文章。對於受到批評或甚至譴責的恐懼，讓我在那之後有好些年都不再發表評論文章，即便曾有經驗老到的記者告訴我，無論你寫什麼，至少會有一個人（如果是評論政治，有時候甚至是一半的讀者）會對你的文章有意見。我想讓人喜歡我，一直都是如此。有人可能不喜歡我的文字，任何這樣的暗示都足以讓我失去寫作帶給我的快樂。

多年後，同樣的場景以不同方式在我的生活中上演。當我第一次開始我的演講事奉時，活動的協調人經常會收集聽眾的反饋意見。他們會將這些意見編輯在電子郵件裡發送給我。我記得有一場演說收到了六十七個評論，其中六十六個意見都是明亮溫暖而正面的。但是，第六十七條評論中有個簡短的句子，那名聽眾說她不認為我在關於家庭組織的實務工作坊中，有提出任何新觀點，她希望當時她參加了另一個分組會議。同樣地，這些評論中是哪個牢牢釘在我的腦子裡呢？沒錯，是唯一批評我的那條。

當我還是名年輕的母親，我曾負責為我們當地的家庭教育合作團體規劃實地見學旅行。在一次年終會議上（大家會在會議上討論哪幾次出遊是值得、具有教育意義而且很有趣的），有好幾個人提到了我規劃的那次旅行。然而，當有位母親說她的孩子沒有特別喜歡那次旅行，而且她認為明年不該再舉辦這樣的活動，我一下子就洩了氣。

我不知道是從哪裡蹦出這樣的想法，認為我所做的一切努力，都應該有百分之百的打擊率。我沒有淡然看待這些不太令人愉快的反饋——明白你不可能一直討好所有人，而是在情緒上對於所有涉及公共輿論表達的事情變得過度敏感。於是又一次，當出現負評時，我做出「我失敗了」的錯誤推論。對我而言，就算討好了百分之九十九點九九的人，也仍是個巨大的失敗。那百分之零點一的人控制了駕馭我情緒的韁繩，他們可以掌控我的心，只要韁繩一拉，我的自信隨時都會砰然墜地。

恐懼因素

我對於公開表達我的思考、計畫和想法猶豫不決，**而核心的原因是恐懼**。害怕批評、害怕拒絕、害怕被人誤解。事實上，我認為恐懼與取悅人的習慣是如此緊密交纏的關係，以至於幾乎不可能在定義取悅人時，不去提到恐懼的課題。我們害怕傷害他人的感覺；我們害怕被孤立；我們可能也害怕獨樹一格；我們可能會因為害怕觸怒某人而猶豫不決，不敢說出自己的真實感受。恐懼幾乎是無所不在。

而關於人類的恐懼，事情是這樣的。如果你陷入「他人如何看待你」的恐懼之中，你就不可能同時敬畏主了。好的、好的，我知道「敬畏主」這句話可能十分令人不安。我第一次聽到這句話就是這樣的感受。這些話經常從聖經中被單獨拿出來使用，這種引用方式令許多人不明白它們的真正含義。

一些人得到一種印象，以為神要懲罰他們；他們應該害怕祂，因為神是無情的，哪怕是一丁點，如果他們的行為出現了偏差，神就會用可怕的處境來打擊他們。然而這完全不是敬畏主所要表達的意思，我們稍後將探討這個說法的確切含義，以及（如果我們真正敬畏神的話）我們如何才能不再如此害怕人。但是現在，先來處理你到底在害怕什麼（或者害怕誰）以及原因為何的問題。

我的「必要與拒絕」之夏，不僅取消了生活中的一些任務和責任，幫助我減輕壓力，還提供我更多的時間，讓我在這些日子中可以去思考，是什麼令我落入這種緊張不安的境地。我可以自由地做一些決定，這些決定會讓我未來不會因故而重新落入同樣的悲慘境地。

我很快意識到，**我不只是喜歡取悅人們而已，我其實也害怕他們**。也許不是害怕他們將會做出一些傷害我身體的事情，而是害怕他們會如何看待我。或是害怕他們會在別人面前怎麼說我，害怕在他們眼中顯得無能，害怕令他們失望。

聖經的作者們對於這類行為直言不諱。他們稱其為懼怕人（在一些聖經版本中為懼怕人類），並警告我們它是個網羅（snare，〈箴言〉二十九章二十五節）。你也許知道「網羅」這一詞在英文中的定義，它是「陷阱」的意思，很像設來捕捉動物的陷阱。（比方說想方設法堅持要在我女兒的閣樓裡住下的討人厭松鼠，不幸的是，那個網羅對她而言沒有效果，那隻小搗蛋還是一直回來！）但是網羅一詞用在聖經這部分，其含義遠遠超出了捕捉小動物的意思。

在《舊約》原文希伯來文中，英語被翻譯為snare的詞是moqesh。moqesh確實指用於捕獵的陷阱裝置，但是它也傳達了誘餌或誘惑物的概念。它指的是一種具有誘惑力的動物、物件或人，會造成另一個動物或人類停止他們正在做的事情，因為那個被放置在他們面前的「獎品」而使自己陷入危險的處境中。下一件事就是你知道的，他們上鉤了。他們被抓住了、被囚禁起來了。而且它不是一次性的捕獲，這個誘人的餌持續地引誘、收攏，接著把它的受害者拖走。

你是否曾經被誘使說出一些言不由衷的話？你知道的，像是給你的同事虛假的恭維，或是熱情地稱讚你鄰居新買的大型花園雕像，但其實你並不喜歡，只是知道她對它十分著迷而已？你是否在你寧可拒絕的時候，卻禁不住對別人的請求說是，只因為比起面對回絕請求者而造成不舒服，這樣做更容易些？你是否曾經遇到這樣的情況：在場的每個人都滔滔不絕地談論某件你並不認為有什麼了不起的事情，但你卻附和他們並做出違心之論？在你的生活中，是否有一段關係不斷牽動你的心弦？你從來不想讓這個人不開心，因為他們的生活已經充滿了太多悲傷，而你不願意再令他們承受更多的失望？也許，最糟糕的情況是，你是否與某個人有一段出了問題的關係，你害怕令他們不高興，所以持續吃下誘餌及讓步，只為了取悅他們？

如果你對以上任何問題的回答是肯定的，或者你可以想到另一個你禁不住持續討好某個人的情況，那麼，我的朋友，你已經陷入了moqesh。而可悲（但真實）的是，在許多這類情況中，我們不僅害怕其他人會怎麼想——或甚至害怕我們會傷害他們的感覺——我們其實是懼怕人類更甚於敬畏神。

讓我們回到〈加拉太書〉。我們看到保羅十分關切他的朋友們在這裡的會眾中是如何容易屈服於猶太派信徒的靈性霸凌。他警告他們不要陷入這種人群壓力的陷阱，稱它會令他們困惑。有一次，他甚至詰問道：「誰又迷惑了你們呢？」（〈加拉太書〉三章一節）保羅十分關切這些信徒如何不費吹灰之力，就被人脅迫去從事及相信一些不符合神心意的事。他們已經把人的觀點，置於神的道路之上了。

深入研究〈加拉太書〉的用字遣詞，提取出許多世紀前用於寫作這些書信的希臘原文含義，是很有意思的。為了恢復你的記憶，這裡是〈加拉太書〉一章十節的經文：「我現在是要得人的歡心，還是要得神的歡心呢？難道我想討人歡喜嗎？如果我仍然要討人歡喜，就不是基督的僕人了。」

討人歡心（please）的希臘文是areskó。它的核心意涵是「為了贏得他人的認可、喜愛或關注而同意滿足他人；滿足他們的期待；心甘情願服事。」知道了這個完整的定義，會讓這段經節比我們用英文來閱讀它更引人注目。這段經節的最後一句還附加了一個大膽的斷言：如果加拉太人試圖討人歡心，他們就不是基督的僕人了！當涉及誰是我們想要討好的對象時，我們無法兩全其美。我們只能服事一個主人。

在這段經文中，僕人一詞的希臘文是doulos。doulos確實是僕人，在他們解除契約義務前，他們必須為老闆服務一定的年限。doulos的希臘文還有另一層意思，它是指一個將自己完全交由他人意願擺布的人。呃。我討厭承認這點，但是有很多時候我將自己交由某個人的意願擺布，而不是大膽而勇敢地選擇做最能討神歡心的事。

當面對選擇做神要求我們去做的事，還是對別人的願望讓步時，我們身為耶穌的追隨者應該選擇服事神。現在，當然了，如果別人的渴望符合上帝的心意，情況就完全不同了。然而，當我們感覺到那種緊張感——那種誘惑人的拉力時——我們必須選擇將討神歡心置於安撫人之上，並下定決心說出真話，同時嘗試避免傷害他人的感情。

這種禁不住讓他人發號施令，而不是決定做神要我們去做的事的重複模式，不只是個小問題而已。對一些人而言，它令我們陷入窒息。可悲的是，它對我們來說已經成為一種強迫症，使我們如饑似渴地尋求他人的認可與掌聲。我們到底是如何迷上這種有害的人類行為的？我們何時變成了對認可成癮的人？

我如何變成一名認可成癮者？

我們不會突然在某一天毫無來由地對某件事情上癮。它開始時很小，但最後就像滾雪球一樣一發不可收拾，現在發號施令的是物質、人或行為，成癮者的靈魂只能任由它們擺布。韋氏字典（Merriam-Webster dictionary）將「成癮」定義為「一種重複從事、使用或沉溺於某一事物的強烈傾向。」我們大多數人都對文化中聽過的那些常見癮症耳熟能詳——對酒精、非法物質、處方止痛藥、性等等的依賴。但我們確實也可能會對別人的意見與認可成癮。

隨著時間流逝，我們發展出一種強烈傾向，即按照能給予我們溫暖的認可感——感覺到自己被需要、被認可，以及有所歸屬——的方式行事。或者我們小心翼翼地不去做些會引起相反反應、造成別人不快的事情。我們也許因為討人歡心的作風而承受一些後果，但我們似乎無法戒掉這種習慣。而且，信不信由你，我們的認可成癮症其實是有科學依據的。它的核心是一種被稱為多巴胺（dopamine）的物質。

多巴胺是一九五八年由瑞典國家心臟研究所的尼爾斯—艾科・希拉普（Nils-Åke Hillarp）

及阿爾維德・卡爾森（Arvid Carlsson）首先發現。這是一種大腦製造的神經傳導物質，主要角色是化學信使，在神經元之間穿梭。當你的大腦期待著某種令人愉悅的獎勵時，它就會被釋放出來。光是期待即將到來的一次愉快體驗，就足以提高你體內的多巴胺濃度。它可能是某種食物、購物、來自某個重要他人的喜愛，或幾乎任何你能從中得到享受的事物，甚至是來自他人的讚美與肯定。

以下是它的運作方式。比方說，你最喜歡的甜食是上面鋪了厚厚一層奶油乳酪糖霜的胡蘿蔔蛋糕，你的大腦會把這種甜食登記為「愉快」。當你在削胡蘿蔔及在大碗裡攪拌麵糊時，大腦甚至也會增加多巴胺的分泌。當你聞到蛋糕在烤箱中烘烤的香氣，大腦會製造更多的多巴胺。這就是為什麼你聞到從擴香器中釋放出的胡蘿蔔蛋糕香精油，你的多巴胺濃度可能會進一步上升。當你終於能夠對心愛的甜點大快朵頤，多巴胺的大量分泌發揮了增強這種渴望的作用。而你從這種大量分泌所感受到的愉悅將使你想盡辦法，確保自己能在未來得到更多來自這種美味甜點的滿足。這一過程和你的回應是由動機、獎勵，以及最後的增強所組成的不斷循環。

雜誌《今日心理學》（Psychology Today）對這個強大物質的說法是：多巴胺驅使你需要、渴望、追求與搜尋，並提高你總體的醒覺程度以及你的目標導向行為。多巴胺使你對各種想法感到好奇，激勵你搜尋訊息。多巴胺創造出「獎勵—尋求」的迴圈，意思是人們將重複從事帶來愉悅感的行為，從查看Instagram到服用藥物等，均可能是其中之一。

因此我們可能認為，自己反射地用一種能獲得他人認可或喝采的方式行事，因為那就是我們採取的一種惱人習慣。但是實際上，是某種在我們大腦中發生的化學反應，強烈地推動我們從事這類重複性的行為。

現在，我不想給多巴胺一個完全負面的評價。它其實是種必要物質，是一種使我們充分具有人性的東西。然而，心理學家告訴我們，有一些自然的方法可以提高我們體內的多巴胺濃度，可能使我們擺脫已深陷其中的、追求愉悅的迴圈。當我們運動、獲得充分的深度休息睡眠，以及食用富含鎂的食物，如全穀、種子、堅果及乾燥的豆類時，多巴胺濃度就會提高。此外，許多腦科學領域的專業人士也說，當我們在祈禱或冥想時，我們的多巴胺濃度也會增加。多巴胺濃度越是因這類健康的事物提高，我們就越不會透過某種癮症，如對某種物質或來自他人的正面反應的成癮等，來尋求多巴胺濃度的增加。

那麼，我們如何擺脫這個不斷旋轉的倉鼠輪？即不斷追逐認可，在暫時獲得認可時感到心理上的極大滿足，於是周而復始，卻沒有認知到這種短暫的愉悅感，其實讓我們的生活過得更悲慘？

我們要學著以對神的敬畏來取代對人類的恐懼。但是敬畏神究竟意味著什麼？

在我對這一課題的研究中，我發現很奇特的是，聖經中有兩個單字用來表示恐懼——charadah以及yirah。charadah描述一個人因巨大焦慮而產生反應，或是因極大恐懼而顫抖；yirah被定義為以極端敬畏及深思熟慮的虔敬來回應。因此，是的，你猜對了。第一個單字用來描述對人類的恐懼，但是當我們談到敬畏主時，則會使用第二個單字。

敬畏主是一種健康的恐懼。它是指人對神的尊崇足以使他服從祂的命令，即對神存有極大的敬畏，並以最大的尊敬態度來對待神。這裡沒有絲毫暗示人因神可能做的事而恐懼，或因想到可能嚴重觸怒神，以致神會直接針對我們做出可怕的事，於是戰兢畏縮。

在我們腦海中產生焦慮，使我們心中畏懼，甚至身體顫抖的，是對於人類的恐懼。不健康的憂慮使我們任由所害怕的人擺布。但是對神存有適當的尊崇與敬畏，不會令我們產生這類情感及身體上的痛苦。當我們學會聽從祂的命令，甚至當祂的命令可能會觸怒其他人時仍舊聽從時，祂會帶領我們進入一個安靜自信的地方，甚至是幸福之地。

討神歡心，而不是討人歡心

我朋友和她的丈夫正踏上一趟相當大的冒險之旅。他們感覺到神呼召他們成為一個寄養家庭，接收來自困難家庭環境的孩子們，給予他們能夠成長茁壯的遮風避雨之地。如果有機會的話，他們甚至還可能希望永久收養一、兩個孩子。

他們填寫了必要的表格，也得到了許可。一天下午，當我和她碰面喝咖啡時，我本以為她會興奮不已，也許還會有點憂慮。

但我沒有心理準備的是，她流著淚水告訴我一個故事。

她和她丈夫已經告訴她的父母，他們家庭即將成為寄養家庭的事。她知道他們可能會問一些問題，因為在她的大家庭裡，她是頭一個成為寄養孩童照顧者的人。但她沒有預料到她會遭遇直接的勸阻。他們直截了當地表示，不僅對這個決定感到不快，而且也不支持。她和她的丈夫被告知要對他們的決定三思，因為這些意見很多的親戚很肯定，他們將要做一個錯誤的決定了。

我為我的朋友感到難過。她和她的丈夫要做的是件無私而富有同情心的事。他們將需要各種支持，不僅是具體有形的支持，包括送來飯菜以及幫忙購買孩子們需要的物品，也需要情感上的支持。發現他們可能無法倚賴來自他們大家庭中這些重要他人的支持時，這對他們來說是個多麼大的打擊啊。

我讓她盡情述說。接著，我用我的擁抱和話語向她保證，她的家人肯定可以信靠我們，我們會提供幫助。然而，當我們結束這次碰面時，她的心情仍然十分低落。但令人驚喜的是，當那個月稍晚我們再度碰面時，她的表情與自信都發生了變化。她對於成為寄養父母這件事有了平靜而嶄新的看法。我非常好奇，忍不住想問問到底發生了什麼事。

在她努力克服情緒低落的同時，她也不斷尋求主的話語。經過幾天的禱告與閱讀主話後，她發現了一個新的視角，一個她可以用一個簡單的句子總結的結論。她看著我，自信地說：「我終於明白，我不需要他們的許可來完成神的旨意。」

哇！多麼強而有力的宣告啊！

她的優先順序一開始就放錯了。她更在乎的是她的父母對他們決定的看法，而不是在乎神對她和丈夫在生命這個階段的旨意，而這是他們清楚知道的。當她不再把這些人放在神的位置上時，她就更樂意去積極處理任何不愉快的結果。

她決定要戒掉這個習慣：將人的想法抬高到神的想法之上。這並不容易，但她還是堅持住了。她和她丈夫不僅成為出色的寄養父母，他們最終更從這個制度中領養了一些孩子。最終（值得慶幸的是），這對祖父母也回心轉意，他們愛護及對待這些新領養的孩子們，與自己血緣上的孫兒沒有差別。如果我朋友他們讓父母最初的反應影響了他們的決定，而不是順從他們感覺神正在呼召他們去做的事，那將是何等的悲劇啊。

我經常想朋友那天所說的話，主要是因為朋友說出的那段話彷彿正中了我的眉心。我想到在生活中，我曾多次用其他人來取代神，將他們放在權威的位置上；更關心他們對我的看法，而不是我知道神正在呼召我去做的事。關鍵在於——我是否有勇氣停止這樣做？

不需要批准

在冠狀病毒疫情的高峰期，我們二十二歲的兒子突然從澳洲返美，他之前一直拿一年期的工作簽證住在澳洲。我們決定租一個房間給他，讓他住幾個月，直到他可以在生活中邁出下一步，因為他在澳洲的生活突然間中止了。

我們很快注意到寄給他的信件塞滿了我們的信箱。身為Z世代的一分子，他成為幾乎每家信用卡公司眼中的潛在客戶。許多這些公司都標榜六個月零利率及免年費。大多數信用卡公司還在信封外用鮮豔的大寫字母蓋上這些字樣：不需要批准。

現在，但願我們這些信徒會理解這個概念，並在我們與他人的交往中活出它來。**我們不需要其他的人批准。完全沒必要。**我們已經得到了世上最了不起的認可，那就是成為至高神的孩子。

〈哥林多前書〉七章二十三節宣稱，「你們是用重價買來的，不要做人的奴僕（bondservant）」。我們之前已經看見過奴僕這個用詞，就是僕人一詞（希臘語中的

doulos）。僕人是一個將自己完全交由另一個人的意志擺布的人。成為取悅者就像是做一個木偶，受到另一個人的意志控制，而不是服從他真正的主人——神自己。

這個經節給了我們一個令人信服的理由，說明我們為何不應該成為另一個人的奴僕。那是因為我們是用重價買來的，這個價指的是基督代替我們在十字架上，以祂的生命作為贖金，為我們付出的終極代價。如果我們要向觀看的世界準確地描述這一福音，我們必須為那位買下我們在永世中位置的人而活，而不是服事我們周遭那些向我們施壓或使我們感到內疚，想要讓我們照他們的願望行事的人。

然而，我理解我們的心總是受到拉扯，想要屈從於其他人的渴望與願望——相信我，我真的理解。在我整個童年以及成年生活的大部分時間裡，我經常讓取悅人的渴望決定我的行為。我們這樣做也許是因為把善良看得過重，錯誤地以為始終取悅所有人是好的、合神心意的行為。或者對他人恐懼也許已經緊緊箝制了我們這麼多年，以至於我們純粹出於習慣而持續默許這樣的行為。或者我們的大腦可能不斷地渴望多巴胺大量分泌，我們覺得自己無力打破這樣的循環。無論我們深陷於取悅人的旋風中難以自拔的原因為何，它的核心始終是：**當我們的心不快樂，我們的靈魂飢餓時，就會被誘惑去以謊言為食。**

當我們無法單單在神身上及事奉祂的事上找到滿足感時，我們就無法得到渴望的、以及聖經所應許的，那種真正的滿足心境；那種我們在聖經中讀到的受到祝福並且幸福的心境。這讓我們的心渴望得到更多。只有耶穌才能給予得更多。只有當在祂身上找到自己的家時，我們的心才會得到真正的滿足。（這基本上是聖奧古斯丁〔Saint Augustine〕的一句深刻話語，只是去掉了古英文的語言形式。）

〈提摩太後書〉一章七節寫道：「因為神所賜給我們的，不是膽怯的靈，而是有能力、仁愛、自律的靈。」讓我們找到這種勇敢的靈，運用它的大能，以對人誠實的方式來真正地愛人，並約束我們的思想，選擇敬畏主，而不是恐懼他人的看法。我們不必讓膽怯支配我們。我們可以行得正坐得直，因為我們明白對主的敬畏會引領我們走向智慧，並賦予我們真知。

你是否敢於成為你自己生命的「首席決定者」，根據神要你去做什麼，而不是人們希望你做什麼，來做出選擇？**我們必須成為自己生命的擁有者；我們的生命是由我們的行動所構成；我們的行動是思想的產物；我們的思想是在回應別人的行為時形成的**。而我們的回應必須符合神的話語，以自信而非膽怯的靈來回應。

也許該是時候停止賦予他人錯誤的價值、給予他們影響我們情緒的力量了。當然，我們都將需要在餘生中與他人互動、處理好各種關係。但我們不必害怕可能出現的意見抨擊，或是當其他人檢視我們選擇時會有的反應。噢，我多麼希望回到過去的我，在她人生的眾多路口上向她發表這篇講道啊！

對於十七歲的我，我會向她保證，她不必屈服於受人歡迎的壓力，違反神的話語，只為了融入人群。讚美是一時的，但它會啃食她的靈魂，影響她與耶穌的同行。

對於二十二歲新婚的我，我會敦促她深入考察神的話語，發現神對婚姻的指示，而不是屈服於各種強大的聲音，讓她不得不將所謂「某某知名導師」的五十二條守則當成圭臬來奉行，那位大師聲稱這些守則直接來自聖經，是唯一符合神心意的妻子行為方式。

對於二十七歲的我，我會鼓勵她不要亦步亦趨地跟隨著教會裡所有其他孩子們的母親，她們都遵循著同一本教養書籍——它被吹捧為名副其實的育兒行為聖經，指導人們的一切行為，從如何讓嬰兒睡過夜到讓他一次就聽從你的要求；指導你親餵優於瓶餵、布尿布優於紙尿褲、手作有機食物優於超市貨架上的現成食品。我會告訴她，如果有人只因為她當母親的方式和別人不同，而不想跟她當朋友，也許她根本就不需要這種友誼。

對於三十三歲的我，那個站在雜貨店裡被一名率直、好鬥的牧師妻子責備的我——我會告訴她，那只是因為那個女人認為買棕黑色瓶裝的沙士汽水是錯誤的，因為它可能被誤以為是真正的啤酒——但她不需要擔心會讓某個人不小心落入酒鬼的生活。別把那半打汽水放回去。相反地，拿些香草冰淇淋然後回家，為每個家人做杯漂浮汽水。

對於上週那個可愛的我，我會提醒她，你不需要哪個人的許可來完成神的旨意。自信地向前邁進吧，努力取悅基督，而不是那些卑劣地透過私訊傳遞他們過分武斷意見的人。

對於現在這個「容易被那些表面看似十分屬靈的人左右」的我，我會說，不要把另一個信徒的建議（無論看起來多麼虔誠、謹慎）和神的旨意混淆了。你和他們同樣能夠與父神交通、閱讀聖經。他們不是神，他們並不總是對的。其他的基督徒可能可以幫助你，但他們並不是永遠不會失敗。

我們必須尋求主的許可，而不是追求來自其他人的背書。這並不總是一件容易的事，不僅是因為我們有時懼怕人更甚於敬畏神，也因為我們每個人的生活中都有著形形色色、性格各異的人。是時候好好審視這些各式各樣的人了，學習如何以最佳的方式應對，不再讓他們掌握我們幸福快樂的鑰匙。

當我們探究這些將自己當成操偶大師的不同人們時，我打賭你會認出一、兩個（甚至三、四個！），他們試圖拉動絲繩，迫使我們按照他們的意願行事。

但是別著急。當我們掌握一點策略，再加上耶穌的大能時，我們就能學會剪斷絲繩，自信地過著取悅神，而非取悅這些人的生活。

✦ 恐怕不是如此

如果在網路迅速搜尋一下「敬畏主」這幾個字，至少會出現二十五條經節，取決於你使用哪種聖經的翻譯。以下是提到「敬畏主」的幾處經文，說明了它所指的是什麼，以及對我們有何影響。

- 〈箴言〉九章十節：「敬畏耶和華是智慧的開端，認識至聖者就是聰明。」

在許多情況下，「敬畏主」都與智慧及知識的概念直接相連。希伯來文中的智慧一詞在《舊約》中經常指一個人的工作技能或軍事戰鬥技能、人際關係上的精明幹練，或是處理宗教事務的明智審慎。

- 〈箴言〉一章七節：「敬畏耶和華是知識的開端（beginning），但愚妄人藐視智慧和教訓。」

這個經節斷言，敬畏主是智慧的「開端」。開端到底是什麼意思？

希伯來文的定義不只是指起點而已，雖然起點肯定是其中的意涵之一。開端一詞在這裡也是「上選、最好、首要的」意思，就像是收穫的第一批果子。

- 〈詩篇〉一百一十二章一節：「你們要讚美耶和華。敬畏耶和華、熱愛他的誡命的，這人是有福的。」

當我們敬畏神時，聖經稱我們為有福的。（嘿，誰不想要得到祝福呢？）《舊約》中希伯來文的esher（英文中譯為有福的）單純意指「多麼有福啊！」敬畏神，而不是不計代價地討人歡心，將會（最終）帶給我們快樂，如果我們遵從神的命令，而非其他人的渴望。

- 〈箴言〉十四章二節：「行事正直的，敬畏耶和華；行為乖僻的，卻藐視他。」

在這節經文中，行事正直意味著「正確地、誠實地，以最大的正直行事。」與取悅人形成對比，當我們取悅人時，我們說的是我們覺得對方想聽的話，有時難免有些虛假。當我們這樣做時，就損害了我們的正直。

- 〈詩篇〉三十四章十一節：「孩子們！你們要來聽我，我要教導你們敬畏耶和華。」

你聽懂了嗎？對主的敬畏是必須學習的。我們也許不會天生就敬畏主，但我們能夠受教並實行它。只要稍微用心，我們就能獲得敬畏主的能力。

第三章

咄咄逼人者、苦瓜臉人、內疚感轟炸者，以及其他試圖擔任主控者的人

他想要取悅所有人，卻沒人被取悅。——伊索《伊索寓言》

相反地，神既然考驗過我們，把福音委託給我們，我們就傳講，不像是討人歡心的，而是討那察驗我們心思的神的喜悅。——〈帖撒羅尼迦前書〉二章四節

那些過猶不及的美好特質

我喜歡人格測驗，它們令我著迷。儘管我不認為把它們抬高到凌駕聖經是明智的——聖經教導我們，耶穌可以幫助我們克服性格缺陷和行為慣性——但我確實認為它們可以是有用的資源，幫助我們了解，為什麼我或是我所愛、我所共事的人會有某種思維、反應或行為。因此多年來，我一直透過禱告的方式研究性格測驗，挖掘其中的珠玉，若我發現任何不符合聖經教導的東西，則提出質疑，並不予理會。

高中時期，透過我們教會裡的一名工作人員，我初次接觸到人格類型的概念。她要我削好我的二號泰康德羅加（Ticonderoga）鉛筆（至今仍是我的首選鉛筆）然後做測驗。在我把紙上的所有小點都填滿答案後，我發現我在DISC評估中屬於「高I」型人格。DISC是個縮寫，指的是由美國心理學家威廉・馬斯頓博士（Dr. William Marston）在二十世紀二〇年代末推出的一種人格測驗。

D代表的是支配性（dominance）。這種人是直截了當、行事果斷的問題解決者和風險承擔者。S代表穩定性。這類人是可靠的團隊成員，忠誠而服從。當你遇見DISC評估中的C型人時，你遇到的是一個盡責、仔細的系統性分析者，他重視品質及精確性。字母I指的是具有影響力的人。這種堅強的人格類型是樂觀（甚至富有魅力）的人，極度渴望得到人們的接納及社會的尊重。

後來，我做了更多的測驗，得到了更多結果。在邁爾斯—布里格斯人格類型指標（Myers-Briggs Type Indicator）中，我是所謂的執政官（consul）。用來描述這類人的英文字母是ESFJ，分別代表外向（extroverted）、觀察力敏銳（observant）、感覺豐富（feeling）、長於決斷（judging）。他們細心、關注人，也喜歡在自己的社群中扮演一個角色。我在最近還發現我是九型人格測驗（Enneagram）中的三型二翼人格，這種人是第三型成就者（achiever）與第二型幫助者（helper）的結合，有時也被稱為巫師（enchanter），這種人藉著完成事情及幫助別人而成長。

好吧，不需要有心理學位，人們就能看出像我這種特殊人格的人，很可能因為渴求他人的認可而損害自己心靈的平靜，因此陷入掙扎。但是取悅者的人格不只是像我這樣的I—E—F—S—J—3—W—2字母排列及數字組合。他們還是奉獻者、完美主義者、和平締造者、拯救者、幫助者、愛人者、默默行動者。因此，我們可能出於許多原因而為他人竭盡全力，並且很清楚自己會在這過程中受到傷害。

這是我現在的想法：**許多人之所以會成為取悅者，是因為人格中有某種特質（一種明顯的長處），當它走到極端時，就會演變成某種失控的弱點。**

也許你是個和平締造者。你有能力看見一個情況或爭論的方方面面。你渴望你周圍的人際關係，無論是職場或家中均存在著和諧。事實上，有時人們會因為你對於公平性的敏銳感知，以及你有能力將平靜帶入原本可能動盪不安的情境中，因此尋求你的幫助。擁有和平締造者的能力是多麼大的力量啊！但那是建立在這個力量走到極端，並且完全失控之前的前提之上。因為和平締造者極端渴望和平，他們不喜歡破壞現狀，或是攪亂一池春水。即使在幾乎不可能避免衝突的情況下，他們也不希望成為製造衝突的一分子。因此，他們往往不願意發言及表達自己的想法。他們經常為了和睦相處而讓步。有時，他們隨遇而安的人格會受到那些擁有強烈人格者的強力左右，這些人是他們害怕惹怒的對象。

或是以奉獻者為例。這些親愛的靈魂擁有多麼慷慨並以他人為中心的人格啊。他們做的永遠比應該做的還要多；他們經常不為人知地為人慷慨付出；他們是如此深深地在乎其他人的福祉與需求，永遠將此放在他們心中的第一位。然而，有時候奉獻者是如此地自我剝削，他們奉獻自己的心與靈魂，直到一無所有。當他們沒有在身體與情感上設下界線，約束他們的慷慨人格時，他們很容易就會過度奉獻。他們也許變得情感枯竭，無論給予或服務都超出了真正所需，或甚至是健康的限度。接下來，如果他們過分感到自憐，就會開始覺得自己像個殉道者。

這麼多美好的人格特質，往往也有反面。當發展到極端時，人們會讓長處變質成為弱點，**這種弱點經常讓他們極端渴望他人的接納與認可**，無論這實際上會對他們造成什麼影響。學會處理我們的獨特人格，以及因為我們的天賦秉性而存在於生命中的陷阱，是個需要深入探索的重要概念。

但問題是，是的，許多人由於人格構成的因素而成為了取悅者。有時「取悅人的毛病」會惱人地冒出頭來，因為我們允許人們在生命中扮演一個他們根本不該取得的角色。

在《親愛的，別把上帝縮小了！》（When People are Big and God Is Small）這本優秀的著作中，作者愛德華・韋爾契（Edward Welch）介紹了一個迷人的概念：我們如何賦予生活中的人們各種「形象」。他寫道：

人們是填滿我們的加油泵。
人們是通往接納與名聲的熱門門票。
人們是有力量讓我們感覺潔淨良好的牧者。

人們是恐怖分子。我們永遠不知道他們下次將在何時發動攻擊。

人們是獨裁者，他們的每句話都是律法。他們主宰一切。

我觀察到自己會在某些時候，允許某個人在生活中扮演這些形象中的每一種。現在讓我們探索其他人在生命中扮演的形象，同時也探討他們的人格——所有那些希望我們跳過他們手上拿著的圈圈，並在圈圈另一頭為我們選擇的定點上落地的人。

所以……奉獻者、和平締造者、巫師、幫助者，及其他過度遷就的人，你們準備好了嗎？和咄咄逼人者、苦瓜臉人、內疚感轟炸者，及其他試圖操縱你的人見個面吧！

首先，我們遇到的是咄咄逼人。

為何如此咄咄逼人？

我剛結婚時，手機還很智障——也就是還沒有出現只要動動手指就可以上網、使用搜尋引擎的「智慧型手機」。一個難得靜謐的秋日午後，我的一個朋友——她的性格相當強勢且粗暴，我從來不想見識到她壞的那一面——打了通電話給我。她想知道我最近雇用了哪家公司來清潔地毯。當時我無法像今天一樣直接發個連結給她，於是我就做了以為會有幫助的事。我衷心推薦了一家在地公司，因為它完成了出色的工作。做完這些之後，我想要在家人開始吃晚餐前，回去繼續享受我安靜的下午。但那卻不是她想要結束這通電話的方式，我以為只是通簡單的電話、回答一個簡單的答案就好，沒想到卻直接變成了來回拉鋸及安撫的舊場景。一切從她後續又問了一個看似無害的問題開始：「你手邊剛好有他們的電話號碼嗎？」

我回答了她的問題，說我沒有。接著——我試圖防守我確定她會向我提出的要求——補充說，她很容易可以在電話號碼簿上找到號碼。她微微嘆了口氣，而我在心裡想著：來了來了！接著，就像過去曾經上演過無數次的情節，我這個咄咄逼人的朋友開始……嗯……咄咄逼人！

她說她正在樓上的臥房，而她的電話簿放在樓下廚房的一個抽屜裡，聲音中帶著一絲的沮喪。

要查看電話號碼簿，她得暫時放下手邊正在做的事，匆匆跑下樓梯再跑上來，而她說那天對她來說是個「瘋狂忙碌的一天」。於是，她自信地宣布了方法，解決她那個急迫的「我需要那個電話號碼」困境。你猜對了。她蠻橫地宣布，以某種有點像是建議的方式（但其實不是，因為她的語調忽然變得有些不耐）說：「你就不能幫我查一下嗎？」

好吧，我當然可以幫忙。在我的國家、我的州、鎮，甚至是我社區的業主協會都沒有任何法律規定禁止我這麼做！但我自己離電話簿也不近。我在我們整理好的地下室裡——在回到自己「瘋狂忙碌的一天」之前，我享受著難得的獨處時光，正在讀一本書。對我來說，要查電話簿也需要走點樓梯（非常感謝），因為我得上樓才能從廚房抽屜裡拿出我們的電話簿。我很想要態度堅決地告訴她，她得自己查，因為我沒有時間幫她跑這一趟，這是實情。然而，由於她強烈的「咄咄批人」性格，以及我對緊張或衝突的強烈反感，我停下手邊的事並上了樓。

告訴她號碼並掛上電話後，我十分惱火。我自然沒讓她為這件小事煩心。當時我沒有理解的是，我該生氣的對象**是我自己**，不是我那強勢的朋友。

那些在我們生活中以這種方式待人處事者，就是所謂的咄咄逼人者。他們強勢、獨斷，有控制慾。有時甚至有點尖刻或明顯好鬥，他們知道如何利用言語和表情來得到自己想要的結果。用他們的「理所當然」來削弱你——用說話或暗示的方式來告訴你你該做什麼，以及你該何時做。

我們聽從他們的指揮，是因為沒有足夠的勇氣站起來，反抗他們的強勢人格。尤其如果我們是比較敏感細膩的靈魂，言行舉止含蓄安靜時更是如此。咄咄逼人者能夠得到他們想要的結果，是因為精通恐嚇之道，而且只要有必要，他們不怕欺負別人。

是的，咄咄逼人者會咄咄逼人。我們會屈服。為了擺脫他們的糾纏，我們會取悅及安撫他們，而這也讓他們一次又一次地得逞。

為何苦瓜臉？

接著，我們要見見苦瓜臉的人。苦瓜臉人是很有影響力的。他們不會透過霸道的行為來強迫你按照某種方式行事。他們利用你的同情心把你捲進來，因為你會為他們難過。他們憂鬱的態度是十分有效的，能夠讓他們得到想要的結果，而你則獨自品嘗五味雜陳的情緒——你感覺到一絲甜蜜的滿足感，因為你幫助了一個需要幫助的靈魂，但你同時又有著些許的苦澀感，因為你被他們陰鬱的性格所操縱。

在不太遙遠的過去，有段時期我曾持續受到一個職業苦瓜臉人的操縱。也許你認識這種類型的人。他是你的阿加莎姑媽，當你的大家庭正在計畫即將來臨的佳節，而顯然大多數人都不想連續第三年在她家過聖誕節時，她會垮下臉來。你發現她對這一決定感到沮喪。你從她的眼睛可以看得出來，她下垂的肩膀也是清楚的暗示。「你覺得這樣好嗎？阿加莎姑媽，還是你想要我們今年都再去你家過節？」你問道。

「喔，沒有啦。很好啊。你們想怎樣就怎樣啊，」她嘆息著說道。「這對我真的無所謂啦。只是我已經活了這麼多年，也不知道還有多少個聖誕節可以讓我舉辦家庭聚會了。」

所以，她說她很好，你們都可以做自己想做的事。但同時她的肢體語言、面部表情和她選擇的用詞都在大聲說，這對她而言真的很重要，而你剛才狠心粉碎了她的聖誕節夢想，就像你每年都用木槌敲碎拐杖糖自製聖誕薄荷糖一樣。

阿加莎姑媽能夠牽動這群做決定的人的心弦。他們被捲入她的悲傷旋風中，不得不投降讓步。他們決定在她家舉行家族聚會。也許，比起處理她垮下的苦瓜臉以及任何可能的未來操縱行為，讓她為所欲為更容易些。這類行為可能包括為了博取同情而做出更多評論，或甚至與關鍵人物進行一對一的私人談話，這可能只會讓事情變得更難收拾，每個人都會被波及。還不如就讓她得逞吧。畢竟她通常都可以得逞，我們何必現在說不？

苦瓜臉人知道如何將我們的情緒玩弄於股掌間，而這種做法經常讓他們得逞。但是這對苦瓜臉人來說是最好的嗎？一直讓他們玩這種遊戲，會有助於他們擁有符合神的心意、有好處及效益的人際關係嗎？或者只是讓他們可以重複搬演悲傷的戲碼，令他們的形象蒙上負面陰影，阻礙他們的人際關係發揮功能呢？

儘管我們可能以為向苦瓜臉人讓步時，是在減輕他們的悲傷，但其實只是令麻煩變得更嚴重而已。是我們的麻煩，也是他們的麻煩。

用內疚感搞定他們

除了咄咄逼人者、苦瓜臉人，接下來還有內疚感轟炸者。喔，天哪。如果你的朋友圈裡有個內疚感轟炸者，如果是坐在你辦公桌旁的人，或者——更糟的是——你的家人是個內疚感轟炸者，請後退。如果不趕緊躲開，你可能會被內疚感轟炸。

內疚感轟炸者不是用「不聽話就免談」的強勢方式來取得他們的控制優勢。他們不會把笑臉換上一張苦瓜臉，博取同情，把一切都和他們的幸福扯上關係。這些狡猾的傢伙會向我們投擲內疚感做成的炸彈，讓我們覺得好像自己欠了他們什麼，或是隱晦地暗示我們沒有盡自己的全力。

他可能是你偶爾會一起喝杯咖啡，但是從來沒有主動說要付帳的朋友。畢竟他曾經不經意地談到他的收入有限，以及有一份有年金保障的工作「一定很棒吧」，因為他和他的住宅油漆公司之間簽的是定期契約。當你們一起出去時，你總覺得內疚，所以你總是買單的一方。

又或者每當一群人要計畫集資購買送給祖母的生日禮物時，那個每年總是有辦法用一個可憐故事打發的親戚怎麼樣？他的生活總是有著大大小小的不順利，而且由於加班太多，工作壓力很大。他已經（透過言語和行動）暗示過幾次，因為你是個兼職在家工作的媽媽，你只工作半天，不像他是全職工作，所以你可能時間比較多。

或者是這個呢？你最近認識了另一名家長，她女兒和你讀中學的孩子在同一個壘球隊上。發現你們住在相距僅幾百公尺的隔壁棟樓房後，你們就開始車輛共乘。這個策略一開始進行得相當順利，不僅節省了你們的油錢，每個星期也讓你們可以多出一點時間做別的事情，而不是載著一身臭汗的青少年到處跑。

但事情漸漸變了調，因為你發現另一名媽媽開始提出一些聽起來很合理的藉口，說她那天沒辦法輪流接送孩子。那些藉口不僅可信，還讓你為她感到有點難過，於是你對自己要求她承擔應負的接送責任感到內疚。她媽媽病了，需要她送去看醫生。她偏頭痛得很厲害，她得在黑暗的房間躺一會兒。她的薪資還沒有匯到她的銀行帳戶，所以在明天之前她都沒有錢可以把油箱加滿。她那難相處且愛挑剔的嫂子（她很畏懼她）剛傳了簡訊過來，說她想在幾個小時後來拜訪，所以她必須打掃房子，而且是盡快！為了表示你的友善與樂於助人，於是你去載了女孩們回家。

這些情況都觸發了你的內疚感。也許你擔心自己對他們的生活或是財物狀況不夠敏感。於是「砰！」一聲，另一個內疚感炸彈爆炸了，你掛上對外的微笑並承擔了這項任務，在你已經太滿的行程表上加入更多行程。

這不是說沒有那種正當時刻，當有人遇到了不幸的情況時，你是該額外做些什麼來幫助他們。（在本章結尾，我更仔細地談到了取悅他人的正當時機。）但是要學著辨識行為模式。如果看見事情出了差錯，讓你不禁感到內疚，並促使你捲起袖子來解決這個情況時，就要留意了。也要提防那些一再試圖玩弄你的同情心的人，他們會提及缺乏資金、資源，或甚至是機會，以便用內疚感轟炸你，讓你採取行動。當你應對這種引起羞恥感的靈魂時，要禱告尋求神，並且小心行事。**感到被神定罪並因此採取行動，與被人用內疚感轟炸並感到羞恥，這兩者是不同的。關上羞恥之門！**

我們還沒說完。還有另一種類型的「主控者」，這些人是我所謂的「以我為先者」。他們不是徹底的自戀主義，他們沒有走得那麼遠。（如果你正在應付一個真正有自戀傾向的人，我建議你尋求專業幫助。）

就某方面而言，我不得不給這些以我為先者一個肯定。他們精明、有創造力，而且狡猾。他們清楚知道該如何才能讓情況有利於他們，確保他們最後占上風。當然了，他們能夠以親切愉快的態度完成這一切，所以你可能甚至沒注意到它正在發生。

以我為先！

幾年前，我曾經和認識的第一個以我為先者，有過幾年的密切聯繫。當時我們在某些專案中並肩共事，這些專案為我們兩人帶來了收入。儘管這個人許多方面的性格都很不錯，工作勤奮、注重細節、樂意提出更為進取的計畫、守時、相處起來令人愉快，但有個持續存在的特點卻令我很傷心，在我心裡激起不滿，有時我讓自己陷入十分憤怒的情緒中，以至於無法看清整件事情。然而，身為一名優秀而努力不懈的取悅者，我從來沒有把挫折感表現出來。

「以我為先」這個習慣的性格特徵是什麼呢？每當出現一個只能有一個人可以得到好處的情況時，無論是分配到較輕的工作或賺到更多的錢，基本上就是任何會有一個贏家和一個輸家的情況，這個人將成為最後的贏家。總是如此！不管發生多少次，當俗話說「鍋子裡只剩兩塊餡餅」的情況出現時，他們總是搶走最大的一塊，留給我較小的那一塊。

我們工作的那些專案通常會有一些頗令人愉快的任務，以及一些不是那麼受歡迎的任務。比方說，百分之七十五的工作涉及創意，這些是令人振奮且愉快的工作；另外的百分之二十五則是些苦差事，大部分很無聊，僅有極少數是令人愉快的。

這個人會主動跳出來，愉快地制定一個工作計畫。現在他們會用一種看似認真勤奮的方式來做事，謹慎地將這個專案的所有工作分成兩半。然而我被分配到的那一半工作，卻包括了大部分不那麼有趣的東西，而這些任務他們一樣也沒被分配到。於是，我負責了整個計畫的一半工作。好吧，表面上這看起來完全公平。只是他們會趁機確保他們的那一半是由所有「太棒了！」的工作組成，而我只會有一部分的「太棒了！」以及剩下所有的「討厭啦！」

在其他情況中，他們也會想盡辦法將自己的利益放在第一位。我們做的專案需要撥打許多的電話，而這是在沒有手機可以無限、免費地長途通話的時代。有一年我累積的長途電話帳單超過了九百美元。我仔細地標示了我打的所有電話，然後在我第一年收集好所有的收據和文件準備繳稅時，將總金額拿給這個人看。我想，公平起見，我們應該平分這筆費用才對，故事結束。夠公平了，對吧？

不是。當你身邊有個以我為先者，事情就不是這樣了。

他們向我指出了一個事實：打電話在任務總表上是屬於我這方的工作，他們已經努力勤奮地完成了他們負責的工作。「而且，」他們補充道：「你可以在你的稅裡面報銷。」啥？在我的稅裡面報銷？當我的稅率是百分之二十五，這仍意味著我要為了一件對我們雙方有同樣好處的事情，多付出將近七百美金。

但也許他們最以我為先的時刻，是當他們來我家送個東西的那天。我去開門，身邊是我的三個小孩，我正拚命努力想把他們哄睡。我剛打包好半打訂購我們某個商品的訂單，這些包裹必須寄到消費者手中。我詢問他們是否介意在回家路上，把這些包裹放到郵局。這是個簡單的請求，也是個輕鬆的任務。如果他們這樣做，我就不必在四點半把我的孩子從睡夢中叫醒，只為了把他們綁上汽座，然後在五點最後一輪的信件離開之前趕到郵局去寄件。

此外，我還知道這個人要去郵局附近的一家商店。所以我才會問他們是否可以為我做這件事——實際上是為我們做這件事，因為包裹裡的產品是我們共有的產品。我對他們的答覆完全沒有心理準備。

「不行，」他們開始說道：「這行不通。我得趕快回家吃晚飯才行。你就不能今天晚一點再去寄嗎？」

我愣住了。只是經過郵局並把這些包裹放進寄件箱裡，甚至不需要下車！他們確實必須多開整整三個街區的路程，是沒錯，三個！但他們堅持他們的想法，而我也沒有繼續要求。他們再次在某個情況中，最大限度地把自己放在了第一位。

關於以我為先者，現在這是你必須知道的事：有種可靠的方法可以用來判斷某個人是否有這種人格特徵。問你自己這個問題：**如果把立場互換，將他們放在你的位置，而你站在他們的位置，情況會有很大的不同嗎？**如果答案是肯定的，那麼你身邊就有一個貨真價實的以我為先者。

我知道這個人是絕對不可能同意支付整筆九百美金的電話費，即使打這些電話是出於業務上的需要。他們會聲稱這樣做不公平。如果我規劃任務清單的方式，是把所有不愉快的工作都分給他們，他們肯定會抗議。而且如果我拒絕回家時多繞三個街區的遠路去辦事，好讓他們不用在大雪紛飛的冬日趕著所有的孩子出門，那麼他們一定會用親切（但尖銳）的方式指責我的自私。

我媽有句話相當準確地總結了這樣的人：「他們的眼睛只能看到自己的鼻尖。」是的，就是這樣。他們短視近利的為人處事方式，讓他們只能從有利於自己的角度看見各種情況，然後做出相應的決定，確保他們最後能夠占上風。

撕開繃帶

我終於到了一個必須對那個我不斷屈服的斤斤計較者做點什麼的地步。我在這段關係中受到的待遇，不僅開始影響我的心理健康及睡眠習慣，也讓我的內心累積了不少的憤怒與不滿，而這種醜惡的狀態正阻礙我在生活中與神同行。就像我媽不得不撕開包紮在我破皮膝蓋上的繃帶一樣，我意識到必須很快做一件可能會很痛苦的事。但是這樣做會帶領我到一個帶來療癒的平靜之地。

在我的情況，那是**要決定和「以我為先」的夥伴拆夥**。我很想說我非常勇敢而大膽地這樣做，我為自己站了出來。但是那並非事實，我的膝蓋在打顫，我的聲音在發抖，我覺得快要把自己的午餐吐出來了。但是在十多年前的某一天，我決定這痛苦是值得的，於是我這樣做了。而我永遠都感激自己做了這件事！

我有個關於新產品的想法，那個產品是我擅長的，也跟使我知名的某樣事物有關。當這個人聽說了我的想法，他們立刻就插入談話中，說話的方式好像他們已經是這個專案的一分子了。我鼓起全部的勇氣，親切但直截了當地宣布，「其實，我想我會自己做這個專案。」沒錯。語氣不像它原本應該有的那樣強烈。也許我不該說「我想我會自己做這個專案」，我應該直接說「我會自己做這個專案」。但是，哎呀，我在這方面還是個絕對的新手嘛。

然後，終於……我自由了！我可以工作、計畫和夢想神呼召我去追求的計畫和事業了。我不再因為遵循其他人為我制定好的計畫感到被壓迫。

你準備好面對生命中那些對你發號施令的人，那些讓你乖乖做他們想要你做的事，而你甚至連句抗議都沒有的人了嗎？當你把這種屈從於人的行為，從你習慣的反應模式中刪除時，一開始是會有短暫的不舒服。然而受到其他人以及他們咄咄逼人、令你產生內疚感，或是只顧自己利益的方式操控，也並不榮耀神。你是在按照他們的意願而不是按照神的心意生活。我的朋友，這不是種健康的生活方式。它會榨乾你的精神能量，在你內心點燃怒火與怨恨，使你無法自信地在生活中回應你的呼召，在你的各種人際關係中向他人展示福音。

花些時間找出你生命中任何屬於這些人格類型的人。現在就開始禱告，祈求神賜給你力量，打破一直深受困擾的負面行為模式，這種模式向這些人一再的不良行為打開了大門。然後，做好心理準備。你即將要做一件你早在很久、很久以前就應該要做的事。

對他們誠實。

是的，你的膝蓋可能會打顫，你的聲音可能會發抖，你的胃可能會傳來陣陣痙攣，但是你辦得到。我知道你可以！而當你這樣做時，將會體驗到多麼大的自由啊。

是時候了，讓我們開始將直言不諱（但充滿愛）地說真話，當成我們的必備工具了。

✦ 規則的例外情形

有沒有什麼時候，取悅他人是正確的呢？當然有！然而只是有時候，而不是所有的時候。這就是許多的取悅者出錯的地方。神學家查爾斯・哈頓・司布真（Charles Haddon Spurgeon）曾表示，「鑑別力不是知道對與錯之間的區別。而是知道對與幾乎對之間的區別。」在取悅他人的事上，我們需要有這樣的鑑別力。在兩個方向上，我們都不需要走到極端，聲稱我們絕對不會按照別人的意願行事，或是相反地，聲稱我們會一直這樣做。

儘管本書大部分的內容都致力於幫助你停止過度取悅他人，並且不讓自己因持續的屈從而身陷牢籠，但讓我們看看聖經，它敦促我們在某些時候，將他人的意願放在我們的意願之上。

- 子女應使父母歡欣並聽從父母。（〈以弗所書〉六章一至三節、〈歌羅西書〉三章二十節）
- 聖經指示我們應取悅那些在工作中權威在我們之上的人。（〈以弗所書〉六章五至八節）
- 聖經鼓勵夫妻雙方要考慮到彼此的渴望與心願。（〈以弗所書〉五章十五至三十三節）

• 聖經告訴我們不要只顧自己的利益，也要顧到別人的利益。（〈腓立比書〉二章三至五節）

• 我們要尊敬及服從神在我們的政府中所設立的權柄，因為我們知道他們是由神所設立的。（〈羅馬書〉十三章一至七節）

• 我們要在愛中彼此奉獻，用恭敬的心彼此禮讓。（〈羅馬書〉十二章十節）

• 我們要讓鄰舍歡喜，好叫他們得到益處、得到造就。（〈羅馬書〉十五章二節）

• 我們應盡力「對怎麼樣的人，我就做怎麼樣的人」，為了福音的緣故來贏得他們。（〈哥林多前書〉九章十九至二十三節）

這樣說，當談到取悅人時，在「對」與「幾乎對」之間，那條細微界線是什麼？好吧，持續感覺到取悅他人的壓力是一回事，無論人們要求你做什麼；但如果在尋求討神歡心的最高使命下，你最終還是選擇去取悅人，那就完全是另一回事了。當你尋求過一種榮耀神的生活時，最終你會在這過程中取悅他人。當我們只尋求滿足人們的願望，而不管它是否符合神的首要計畫時，麻煩就來了。別人是否被我們的行為取悅，只是我們尋求榮耀神的副產品而已，而不是主要目標。

第四章
好吧，實話實說好了

誠實可以節省大家的時間。——無名氏

不要彼此說謊。你們已經脫去了舊人和舊人的行為。——〈歌羅西書〉三章九節

善意的謊言，真的是善意嗎？

大多數的週日上午，我都喜歡去教會。它給我一個擺脫平時在家工作的母親制服的機會，我總穿著一件圖案T恤和舒服的牛仔褲，搭配上我最喜歡的嬰兒藍線編織的拖鞋。我甚至也喜歡那個禮拜場所。它位於密西根州REO鎮（以當地的汽車業先驅蘭森・艾里・歐茲〔Ransom Eli Olds〕的名字命名）裡一個重新活化、風格兼容並蓄的區域，那裡的咖啡館和販賣二手老件的商鋪保留著大量的原始磚造結構，牆上裝飾著新的塗鴉風藝術品。當我在孩提時，我現在每個週日做禮拜的建築物是個保齡球館。後來它變成了夜總會，再後來則是一家折扣家具店，直到我們教會在這裡設立據點，作為其禮拜場所之一。

每個星期日的早上九點五十五分左右，我會把聖經夾在我的手臂下走進這裡，這樣我手裡才能拿一杯榛果咖啡，和丈夫一起找位子，我們通常坐在兒子及他們的妻子附近。（我們的教會有十多個不同的樂團，風格從木吉他到八〇年代流行樂到嘻哈樂，應有盡有。其中一個樂團甚至標榜它有名口語詩人〔spoken word poet〕。）最重要的是，我很感激有來自不同族群及各行各業的人，年齡從嬰兒、刺青及綁髮髻的Z世代，以及髮蒼蒼、視茫茫的年長聖徒。

然而，某個週日早晨，我發現我想要扔掉咖啡，儘速邁開我那中年婦女的腿逃離那地方，跑得越遠越好。到底是什麼原因，使我想要逃離這個我如此喜愛的地方呢？原因是那天的教導牧師，在這場我十分享受的布道進行到一半時做了個斷言，完全破壞了布道——以及我的心情。他是這樣說的：**取悅人的人時常撒謊**。

我忽然不再是幾百名信徒中的一個面孔，愜意地啜飲著我那杯奶油味熱咖啡，正在腿上打開的聖經上做著五顏六色的筆記。我覺得好像從天花板吊掛下來的某個聚光燈（一般都固定在舞台上）忽然直接向我的方向旋轉降下，以肖像模式打亮了我那張通紅的臉。我覺得自己暴露在眾人面前。我想像每個人都在用眼角餘光打量著我，他們肯定知道牧師在說的人是我。我的祕密被拆穿了。

我忍住了想逃跑的衝動，但的確考慮著是否假裝上廁所而起身。然而我還是坐在位子上，直到這個尖銳而令人痛苦的信息釋放結束。我甚至設法向賈斯丁（Justin）牧師說了幾句話，誇讚他的講道是如何令我信服。確實如此。它不是那種講道，你點頭同意，感覺自己的心似乎被輕輕戳中了，但你卻依然故我，從來不是因為它而調整你的行為。我真不願意承認我已經多少次這樣做了。不，那個令人吃驚的句子在我的「必要與拒絕之夏」的一開始就戳中了我的心，它是我終於打破取悅人的囚籠，並獲得自由的催化劑。喔，我知道我取悅人是因為想要表現出好人的樣子。我甚至承認恐懼也在其中扮演了一個角色。但是那個早晨，我不得不承認我的牧師是對的。取悅者經常撒謊，而我是個出色的說謊家。

在取悅者的生活中，欺騙被聰明地偽裝成關心與照顧。畢竟，我們只是為了不傷害別人的感情，而稍微遮掩一下真相而已，對嗎？或者也許我們只是擔心他們無法接受真相，而我們不想要令他們感到痛苦。或者，如果我們對他們完全直言不諱，我們的真話可能讓他們感到悲傷，甚至可能是憤怒。我們只是稍微扭曲一下事實而已，這樣做是為他們好，不是為了我們自己。但我們真的是這樣嗎？當我們在話語上薄薄塗上一層不真實的東西——比方說，當某人詢問我們對他穿著的想法，而我們回答時——**我們這麼做真的是為了他們好嗎？**如果他們的穿著並不讓人喜歡，我們沒有直說，反而說：「看起來很美！」這符合他們的最大好處嗎？難道這不是為了我們自己好嗎？我們不想要面對空氣中的尷尬氣氛。當然，如果確實如此，我們始終可以說某個時尚選擇只是不符合我們的風格，但是很適合他們。但我們必須問問自己，是否我們擔憂的是，如果不說出人們想聽的話，友誼會出現一道小小裂痕？事實上，白色小謊言往往都只是關乎我們那小小的自己。

為了取悅或安撫某人而撒謊不是什麼新鮮事，它一直都在進行著。事實上，我們在聖經中的一些兄弟姐妹許多個世紀前就做著這樣的事。現在讓我們來看看一些他們的故事。

你無法隱藏你那雙說謊的眼睛

談到謊言，彷彿不真實的話也可以分類似的。正如我已經提到的，有人可能會說出一些話，這些話被歸類為無傷大雅的小謊。這種謊言很容易擺脫。

然後我們有正當的謊話。比如說在第二次世界大戰期間，某個人藏匿猶太人以免他們受到納粹的迫害，當有人直接問到他們是否這樣做時，他就不得不為了更大的善而撒謊。他們這樣做是為了保全某人的生命。此時撒謊是為了更大的善，因此是完全正當的。

我們也別忘了便利的謊言，撒謊是為了避免任何隨之而來的麻煩，或者也許是隨之而來的工作。接著還有虛榮的謊言，為了增強我們的自我，讓我們看起來更好而說謊。最後，我們有瞞天大謊。這些謊言是真正的謊言，像是在你的稅上面撒謊，或是當你被問到是否知道關於某個犯罪行為的事情時，向警察撒謊。這些謊言似乎是所有謊言中最嚴重的。

然而有一類的謊言似乎最容易脫口而出。至少在我的生活中發現是這樣的情形。當我們查看聖經中的兄弟姐妹亞伯拉罕與撒拉時，我們找到了這種謊言的最典型例子。

她是我的妹妹

亞伯拉罕是《舊約》聖經中的關鍵人物。事實上，他不僅在基督教歷史上，而且在猶太教和伊斯蘭教的歷史上都很重要。神告訴亞伯拉罕，起初叫做亞伯蘭，他要成為萬國之父（〈創世記〉十五章五節、二十二章十七節）。當那個應許沒有在亞伯拉罕希望的時間線中實現時，他決定把事情拿回自己手中。他的妻子撒拉，當時叫做撒萊，沒有孩子；亞伯拉罕不是等待妻子成為母親，而是與他的女僕夏甲同寢，以便讓她懷上孩子，這在當時的文化上是很常見的做法。

但是後來，撒拉和亞伯拉罕確實在他們的晚年生了一個名叫以撒的孩子。但這部分的故事不是我們要考察的。讓我們把時間線倒回去一點，回到亞伯拉罕的兩個活潑好動的男嬰出生之前。我們繼續講述〈創世記〉十二章中的故事。

撒拉和亞伯拉罕經歷了一些困難的時間。由於他們的家鄉迦南發生了嚴重的饑荒，他們被迫下埃及地，以外國人的身分在那裡生活。當他們即將抵達邊界時，亞伯拉罕開始擔憂在這塊新土地上會出現的一個可能情況。

聖經說他的妻子完全是個孩子（babe）。他害怕當埃及人看到她時——然後發現她是他的妻子——他們會為了擁有她而殺害他。於是，他想出了一個計畫。「請你說你是我的妹妹，使我因你的緣故可以平安無事，我的性命也可以因你的緣故得以保全。」（〈創世記〉十二章十三節）當然，撒拉的動人美貌在埃及受到了注意。她被帶進法老的宮裡。然而，神因這緣故就用可怕的災病打擊法老和他全家。法老將亞伯拉罕召來並質問他，然後要他們離開埃及。

現在你以為老亞伯會記取他的教訓了，但這並非事實。他又說了一次這番假話。當他們從一個地區遷移到另一個地區時，這對夫婦落腳在一個叫做基拉耳（Gerar）的地方。亞伯拉罕（再次擔心他可能因為某個高官想要將他的妻子據為己有而失去他的妻子）在將撒拉介紹給駐在這裡的王室成員亞比米勒王（King Abimelek）時，沒有將她稱為「小妻子」，而是宣稱：「她是我的妹妹。」（〈創世記〉二十章二節）

這一次，神到亞比米勒王的夢裡，因為他看中了撒拉。祂告訴王，她是個已婚的女人。幸運的是他仍維持著社會距離。（好啦，我知道，這又是個輕微的改寫！）根據〈創世記〉二十章四節的說法，他「還沒有親近撒拉」。

隔天一大早，王就召見了亞伯拉罕，想知道他到底為什麼要撒謊。亞伯拉罕坦白招認說他擔心自己的性命，所以欺騙人們。接著他又說，「何況她也實在是我的妹妹；她原是我同父異母的妹妹，後來做了我的妻子。神叫我離開我父家，在外飄流的時候，我對她說：『我們無論到什麼地方去，你都要對人說「他是我的哥哥」。這就是你待我的恩情了。』」（〈創世記〉二十章十二至十三節）。

好吧，乍看之下，這個謊可能會落入「瞞天大謊」的範疇。她是他的妻子，不是他妹妹。他憑空捏造出了這個謊言。但他的謊言不是瞞天大謊，它屬於一個不同的類別，它是我們今天許多人都在說的那種謊言。它不是徹頭徹尾的謊言，實際上，它裡面有真有假。當亞比米勒追問此事時，他企圖強調半是正確的那部分，對於半是胡說八道的部分則盡量輕描淡寫。然而——就像我在我親愛的孩子們小時候經常對他們耳提面命的——**半真半假的謊言仍然是個完整的謊言**。

現在，你會發現不同的聖經學者會解釋這整個妹妹——妻子的情節，它更像是二〇二〇年的一場實境秀，而不是古老的聖經記載。有些人說他們真的是同父異母的兄妹。在〈創世記〉二十章十二節，我們看到亞伯拉罕自圓其說，「何況她也實在是我的妹妹；她原是我同父異母的妹妹，後來做了我的妻子。」

還有另一些神學家說，更深入研究亞伯拉罕的先祖，會發現撒拉其實是他的姪女，他弟弟哈蘭的女兒。無論事實為何，亞伯拉罕半真半假的說法是為了欺騙和他互動的王室成員，否認他是她的丈夫，讓他們不這樣認為。

半真半假的謊言

在我們今天的生活中，半真半假的謊言聽起來會是什麼樣子？更重要的是，我們為何要說出這些捏造的事實，而不是坦白說出實情，全部的真相，只說真話，其他什麼都不說？我要冒險坦承我最近說的一個半真半假的謊言。我並不以它為榮，無論它是個多麼巧妙的謊言。**無論我在編織的半真半假謊言多麼有創意，錯的就是錯的！**

有人來敲我家的門。我向外望，看見一個媽媽帶著她兩個可愛的女兒。她們甜甜的小臉洋溢著期待的光芒，還有點小小的緊張。她們在賣女童子軍餅乾。我的想法很快開始一來一回地跳起舞來。我想要給女孩們在商業上的努力一點鼓勵，我猜她們可能在試著賣出一、兩盒薄荷或椰子口味的巧克力薄餅時會有點焦慮不安。但另一方面，我不想要任何女童子軍餅乾。我正在努力控制糖分攝取量，我知道在我家裡有這些美味的點心將會是個很大的誘惑。

我打開門，跟她們打招呼。她們向我朗讀了她們那篇小小的招攬生意詞後，便仰頭看我會回答她們什麼。「哦，很抱歉，」我開始說。「我姪女很熱衷女童子軍，我總是從她們那裡買餅乾。但是祝你們在這附近有好運。希望你們能賣出一大堆餅乾。」她們向我道謝後就繼續到別處去賣餅乾了。

我關了門，回到廚房桌前繼續喝著我那杯手沖咖啡，覺得自己像個混蛋。就像老亞伯，我說了一個半真半假的謊言。或至少我暗示了一個並不存在的事實。是的，我是有些姪女是女童子軍。但我今年還沒有從她們那裡買過任何餅乾，即使我讓它聽起來好像我買了一樣。事實上，距離她們是女童子軍的年紀已經有好些年了。但是請注意我的狡猾。我沒有說她們是女童子軍，而是說她們「非常熱衷女童子軍」，而我總是從她們那裡買餅乾。這是真的。如果我確實買過一、兩包，那是從她們那裡買的沒錯。只是那已經有好一段時間了。（眨眨眼）

現在回想起來，我該跟她們實話實說，告訴她們，我正在試著戒甜食。我可以祝她們生意順利，捐個十塊錢到她們的女童子軍餅乾基金裡。事實上，我已經向自己保證，下次這些戴著女童軍帽的小天使再出現在我家的前廊，我一定要這麼做。

謊言的另一種形式：奉承

我們的謊言可能會以另一種形式出現，那就是奉承。奉承，也稱為虛假的阿諛或諂媚，它是過度或不真誠的讚美。人們說出奉承的話通常是為了讓別人對自己的感覺更好，但也是為了幫助增進說奉承話的人本身的利益。八卦可被定義為在人們背後說些你絕不會在他們面前說的話，奉承則恰恰相反。它是你會當著別人的面說而絕不會在背後說的話，因為它們完全不是真話。

當我們說奉承話時，就是在撒謊。聖經的書頁上充滿了針對這種看似有效的工具的警告——一個經常帶來反效果的工具。

請讀一讀〈詩篇〉十二章二節的這些文字。我將它們寫在這裡的擴大版聖經中，這版本的聖經力求準確地描述這節經文的希伯來文或希臘文原文。它是這樣寫的：

> 他們彼此說些欺騙而無用的話；油嘴滑舌，心口不一。

被詮釋為奉承的詞在希伯來原文中是chelqah，意為「滑順、滑溜、討人喜歡」。在許多地方也被用來指一部分的土地，或一個人正站著的那塊地。將這些意思結合起來，畫面就變得清楚了。當我們選擇說些油嘴滑舌的奉承話時，無疑是站在一個滑溜溜的斜坡上。

這個經節另一個引起我興趣的部分是雙心（double heart）的想法。這裡的這個概念，傳達的是用嘴唇說奉承話的人其實有兩顆心——一顆心對他們內在的靈說真話，另一顆則是說給那個聽到謊言的人聽的。這第二顆心是不真誠的，甚至是徹底欺騙性的。

我們在聖經的其他處看到說奉承話的隊伍們可以造成什麼樣的影響。我們通常只想到它能為我們做什麼；當我們虛假地吹捧其他人的自我時，我們想要得到的直接結果。但是它會對我們造成什麼影響呢？我們不要自欺欺人，以為可以從說奉承話的情境中毫髮無傷地全身而退。我們往往不能。說奉承話是有後果的，而且這些後果並不美妙。

〈箴言〉二十六章二十八節說明了其中的一個後果：「虛謊的舌頭憎惡被它傷害的人；諂媚的口造成敗壞。」在這個經節中，敗壞（ruin）的希伯來文是midcheh。有意思的是，這是整本聖經中唯一一次出現這個詞的地方。它的意思是「使人絆跌的方法，或場合。」當我們說奉承話時，我們就會跌倒。

幾章之後，在智慧之書〈箴言〉中，奉承的話題再次浮出水面，描繪了我們之前討論過的內容：「諂媚鄰舍的人，是在他的腳下張設網羅。」奉承是企圖透過我們假裝的善良或讚美使人踏入陷阱、難以脫身或落入圈套。當我們說奉承話時，是企圖在他們獲得吹捧時捕獲他們。然而，我們反而可能因為自己的謊言而讓自己陷入難以擺脫的困境。

責備人的，終必得人喜悅

在我們離開〈箴言〉書之前，再看一節關於奉承人的欺騙性做法的經文。

責備人的，終必得人喜悅，勝過那用舌頭諂媚人的。（〈箴言〉二十八章二十三節）

請注意這段話的內容：它在叫我們去做一件相當不愉快的事情。誰喜歡責備人呢？世界上又有誰會喜歡自己被人責備呢？但這個經節有個許諾，只要我們真正誠實，它就會實現。我們被告知會討人喜歡，這不正是我們說奉承話時首先想要得到的東西嗎？**我們認為的奉承會讓我們討人喜歡，但它往往只是讓我們踏入陷阱或弄巧成拙**。

這裡的喜悅（favor）這個字是指「接納及恩寵」。但是請看看我們被告知何時這個接納及恩寵才可能會流向我們。不是在我們誠實地指出某個可能令人不愉快的事實的那一刻。這句經文說我們「終」（in the end）必得人喜悅。這個短語在原文中的意思是「以後，在未來的某天」。我們說真話的對象，可能不會在我們說真話的那一刻感激涕零地擁抱我們。但是以後——在未來，一旦他們有時間靜下心來好好想想——他們會比我們用奉承的嘴唇撒謊時更感激我們。

那句老生常談是真的：**奉承會讓我們一事無成**。但是說奉承話不是我們唯一撒謊的時候。我們有時也會避免說真話，希望這樣也能避免爭吵。

迴避叫戰呼聲（它會讓你想哭！）

我站在靠近廚房的走廊上，聽著我丈夫和幾個大家庭的成員聊天，我們正在拜訪他們家。我假裝對掛在牆上的新月曆感興趣，我翻動著它，好像在欣賞它壯麗的自然美景照一樣。事實上，我可以聽到一場衝突正開始浮現，而我看到我丈夫臉上的表情彷彿在說，「快把我弄走！」

我自己也有這個想法，同時一邊禱告我不會被捲入這場激烈的討論中。但運氣有點背。很快我就聽到這樣的話，「好吧，凱倫，你認為呢？你肯定不同意你老公的看法吧！」

我可以感覺我的臉開始發紅。我知道我在劫難逃。在那個討論得很熱烈的對我而言很重要的政治議題上，我確實同意我丈夫的看法。但我知道說真話只會讓衝突愈演愈烈，毀掉我們即將在後院同樂的夏日野餐。

我親愛的丈夫救了我，適時插話，巧妙地讓談話方向轉了個彎。我鬆了一口氣，慶幸自己沒有被拉進與好爭論親戚一來一往的爭論中，可以平靜地享用我的馬鈴薯沙拉。

你經歷過相似的場景，對嗎？猶豫是否說實話，知道那可能會帶來衝突？叫戰的呼聲突然響起，讓你很想哭。

這是個比較溫和的主題，我知道對你們之中的一些人來說，它可能會喚起不愉快的回憶。我知道我是這樣。在我過去的生活中，曾經有個人帶有一種虐待的傾向，通常是受到酒精的影響。在我與這個人打交道時，我很早就學會——尤其是當他們稍微有點醉意時——如果不說真話，就能避免掉一場激烈的爭執；說真話只會讓我和他們發生衝突。

誠實確實可能讓空氣中凝結著緊張氣氛，甚至在談話中引發劇烈衝突。因此，為了避免這類不愉快的互動，我們會稍微遮掩真相。我們立刻試圖變成瑞士，扮演起中立、愛好和平的角色。但我們是嘗試去真正締造和平，還是只是維持和平——維持現狀，避免惹是生非，迴避一觸即發的情緒或脾氣？

美國前總統隆納・雷根（Ronald Reagan）曾說，**「和平不是沒有衝突，而是有能力透過和平的手段處理衝突。」**我們可以學會成為有能力透過和平的手段、以平靜而坦誠的語氣處理衝突的人，或甚至是處理潛在的衝突。我們可以在〈箴言〉中找到一些關於這樣做的建議。仔細閱讀這些摘自〈箴言〉十五章一節的文字，引自擴大版聖經。

> **柔和、深思的回答使盛怒消退，暴戾、粗心的話語則會激起怒火。**

我們這些取悅者大多都不會說出嚴厲、令人難過的話語。（或者也許你跟我一樣，往往只會對你最親近的家人這樣做，因為他們不得不愛你。）相反地，我想把注意力轉向在這句經文中看到的其他幾個形容詞，尤其是深思（thoughtful）和粗心（careless）這兩個詞。

你是否常不假思索地脫口而出，對你要說的話毫無警覺與思考？尤其當我們試圖在衝突開始前就化解它時，有時會驚慌失措。我們說出一些言不由衷的話，只是為了息事寧人。如果我們不這樣做，而是虔誠、深思熟慮，謹慎地選擇話語，完全誠實，但仍然能顯示出我們的誠意而不會導致衝突呢？且讓我給你一個虛構的例子。

一場充滿愛與真實的談話

你的妯娌打電話來討論今年的感恩節慶祝活動，你和她在誰要負責計畫大家庭的節日聚會時，經常發生衝突。你很確定她不想當主辦人，儘管她的房子夠大，而且生活裡也沒有什麼特別的事情正在發生。而你正好相反，你並不是真的迫不及待想要提供你家作為今年的聚會地點。畢竟去年的聚會是你主辦的，而今年你家正在進行一項重大的整修工程，有大量木作工程之類，你們在吃完感恩節大餐的隔週，就要安裝全新的硬木地板。當火雞和配菜端上桌時，你家的餐廳會拆到剩下光禿禿的底層地板了。

當你的妯娌以一種直接而指示性的語氣開啟這場對話時，她選擇了這樣說：「嗨，我們得談一下感恩節的事。我沒有辦法主辦，所以我們必須在你家過節。可以嗎？」

不要，你想。不可以，你想要用全身力氣吼出這個答案。你的妯娌是個以我為先者。通常如果不是照她的意思，就免談，而你大家庭的成員總會讓步，讓她為所欲為。你習慣的回應模式是同意主辦，然後強調你們所有人都得在你那可愛的臨時性膠合板地板上，享用你們的焗烤四季豆和南瓜派。但是今年，你決定事情要有所不同。你不會再只是嘟囔幾句就勉強同意這麼做。**你要勇敢說出自己的想法，卻是以一種深思而謹慎的方式為之**。於是，你低聲禱告，深呼吸，並回答她。

「嗨，非常感謝你先提起這個話題。我一直都喜歡家人們可以聚在一起，也很期待感恩節到來。但是我一直在考慮我們今年是不是有可能主辦。雖然我很想這麼做，可惜我們在感恩節後的那週要安裝硬木地板，我們房子的地板要先拆掉做準備。我真的無法提供家庭聚會該有的環境和氣氛。如果大家都願意的話，我們今年來點不一樣的如何？我們可以在外面用餐。或者也許可以看看我們是不是能夠訂到我教會的壁爐房間。我會發訊息給家族裡的人，讓大家知道我們的整修狀況以及你說你無法主辦的事。然後我們可以從那裡開始討論。」

現在，這樣的回應會做到幾件事。首先，它會向你的妯娌重申你喜歡和她相聚的事實。將重點是親人聚會的這一事實帶入談話中，有助於減少任何可能產生的對抗性。

其次，你誠實告知你的狀況，而不是試圖獲得憐憫或同情。你只是陳述事實而已。你的餐廳——很可能你的廚房——會變得一團亂，實在不是舉行大型家庭聚會的理想場所。

最後，你在宣布會將全部訊息傳達給家人時，也把其他人拉進這件事情裡面。如果她只是因為不想打掃她的房子，或是一些其他無足輕重的理由而拒絕主辦，把事情告訴整個家族會讓她受到批評。也許她會改變主意，因為她不想要在其他家庭成員面前顯得不願配合。但是再一次地，你並沒有想在這裡暗示什麼，只是直白地陳述事實而已。最好的做法是讓所有人都能看到這件事的進行，而不是一個個來來回回地傳送訊息。我發現我們的家族簡訊群組可以發揮臉書或Instagram等社交媒體平台上私人訊息群組的功能。

但願當你們一起解決今年將在哪裡慶祝感恩節的問題時，**謹慎、虔誠及深思熟慮會開啟一場充滿愛與誠實的對話**。當然，這種事情無法保證。有些人就是為了挑剔、控制及好爭執而活；無論你說什麼，他們都不會讓步。在這種情形下，當他們不想跟隨大多數人的行動時，大多數人依然繼續前進並制定計畫，讓那些人知道，如果他們願意，歡迎他們加入。但如果他們選擇不這樣做，也是可以的。

誠實不是什麼

針對誠實「是什麼」而深入探討之後，納入誠實「不是什麼」的探討也很重要。這裡是關於誠實到底是什麼的幾個誤解——或者更準確地說，關於它不是什麼。

誠實不表示你不願意

對那些傾向於幫助別人以及喜歡被認為是給予支持的人，誠實地告訴人們你沒有能力執行一項任務——或者你現在正猶豫是否承擔其他任務，因為你擔心會超過負荷——可能會讓你擔心，做出這個請求的人會認為你心裡並不樂意。告訴他們這樣的話是很有幫助的，「我很希望能幫你，我真的希望。但我現在的生活不適合這樣做。如果可以，我會很樂意答應的。無奈的是，我的現實狀況不允許我這樣做。」（好吧，我知道這聽起來有點正式，但你懂的。你可以用自己的方式來表達。）**我們可以學會誠實，同時分享我們的感受**，其實我們多麼希望答案可以不同。

接下來……

誠實說明你的情況，不表示你沒有能力

同樣地，當我們必須拒絕一個需要我們幫助的人的請求時，不該過分擔心人們會認為自己沒有能力。**直截了當的答案是上策**，讓對方知道，如果是出現在不同時間，你會很喜歡做這件事，遺憾的是你的生活現在就是沒有餘裕。人們經常要求有能力的人提供幫助。然而，你有能力做某件事不一定表示你被呼召要去做它。

誠實說明你的限制，不表示你笨拙無能

不要讓你內心的想法在這項課題上絆跌你。當被要求承擔一項任務時，有許多人常因為害怕這會讓我們看起來好像很無能，所以沒有如實回答。**我們不需要對每件事情都很拿手**。我們可以簡單地回答，這個要求有點超出能力範圍，所以需要其他人才能完成，而不是答應某個要

求後再來瘋狂研究如何正確地完成它。

誠實不等於刻薄

好吧，這是朋友之間的一大課題。我不會聲稱我在這方面做得很完美，因為我發現它是最困難的。當某人希望針對他們的創作、書寫、衣著或家居布置的選擇等誠實地發表看法時，我們會很擔心傷害他們的感情，以至於常常捏造事實。當他們想要我們對一些非常私人的事情，例如如何教養孩子、或是在婚姻中的行為表現等發表意見時，情況就更複雜了。

因為我一點也不想要顯得很刻薄，我會猶豫是否說真話。多年來，一些做法在這方面曾經幫助了我。其中之一是有天我在購物時，從一個朋友那裡學到的一句話。

我們當時正在購物商場，帶著我們的四個女兒，當時她們都是青少年或進入青春期前的年齡。我朋友最小的女兒拿了一條圍巾過來給她媽媽，她真的很想要買給媽媽當作母親節的禮物。但是在她花她辛苦當保母賺來的錢買下之前，想要確定她媽媽會喜歡。那不是我朋友喜歡的圖案或顏色，更別說會戴在身上了。但是，她沒有甜甜地微笑著說「當然喜歡！」只為了安撫女兒，而是說了一句誠實卻不刻薄的話。她說：「嗯，布魯克，**這不是我的最愛**。還有其他顏色和圖案嗎？你最會挑選時尚單品了，我相信你一定可以幫我找到一件很棒的。」

我簡直驚訝到說不出話來。我知道她不是說了一個什麼驚天動地的宣言，但對我而言，這卻是一堂了不起的人生課。你可以不用非常強烈的語言，來表達你不喜歡某樣東西。她只是說那條圍巾「不是她的最愛」。接著她讚美了女兒的時尚才能，並告訴她，知道她可以為她媽媽挑到一條漂亮的圍巾。我朋友用這種方式將信心灌輸給她女兒，而她的確辦到了！

我已經學會使用這句「這不是我的最愛」，以及其他類似的話。「看看你能不能想出一些不同的東西。我有信心你辦得到的。」或者，在情況嚴重時，我會用這句話：**「我很猶豫是否要冒著得罪你的風險說出實話，但我覺得說實話才是上策。」**（我在當面說出這句話前必須反覆練習！）

除了這些必備的句子之外，另一個真正使我在這方面取得進步的做法，是**在心理上將自己放在對方的位置上思考**。如果我的身材、髮型或眼珠的顏色實際上一點都不令人讚賞，我會希望有人對我讚不絕口，告訴我我的穿著有多棒嗎？如果我在社交媒體上寫了一篇令人困惑的文章，或是為某個人做了一盤味道很糟糕的餅乾，我會希望朋友對我隱瞞真相嗎？難道我不希望知道真相，這樣未來我就不會再犯同樣的錯誤了嗎？如果有個朋友可以簡單地告訴我實話，那麼我就可以學會寫一篇更清晰有力的部落格文章，或是下次我就不會忘記加糖，並烤出一盤味道更棒的餅乾了。（這是真實故事！）

當我們用謊言來保護朋友與家人的感覺時，並沒有幫上他們任何的忙。讓他們知道我們有多愛他們——**如果處境對調，我們會多麼希望人們對我們誠實**——就不會傷害他們的感覺。我們會送給他們一份美好的禮物。

說老實話

自從我聽到我的牧師斷言「取悅者經常說謊」之後，已經過了兩年多。我的心情已經平靜下來，不再一想到被人揭穿是個騙子就緊張得換氣過度。但是說老實話，他的話讓我意識到，當我與他人交往互動時，確實有許多行為是欺詐性的。喔，當然了，我可能會爭辯，我在少數情況中扭曲事實，是因為關心對方的情緒健康。但是這樣做只是在生活裡堆積如山的虛假中，多添一個謊言而已。

我不會描繪出一幅圖像好讓你們相信：學會從我飛速運轉的腦袋中將真實拯救出來，並以一種直截了當的方式來陳述它，是件容易的事。這並不輕鬆。我一直都擔心會失去一、兩個朋友，也一直害怕會冒犯人或使人不高興。當人們詢問我對某件事情的看法時，虔誠、謹慎、深思地說出實話而不是掩蓋真相或（至少是）改變話題，前者無疑需要付出更多的努力。然而，與我現在感受到的自由相比，溝通上的困難顯然不值一提。

我不再為我所謂的最大謊言而糾結，關於這種謊言，我曾下意識地告訴自己：如果真的說實話，朋友名單會減少到只剩我丈夫和我家的狗（而我們甚至沒養狗！）但情況完全不是這樣。實際上，我感覺人際關係——無論是和家族裡的人，還是和朋友及同事們——都大大改善了。儘管我仍喜歡扮演其他人的啦啦隊角色——鼓勵他們、敦促他們向更大的目標邁進——但是我從建立的新習慣：**試著坦率正直的同時，表達對其他人的愛與關懷，得到了心靈的平靜**，而這一直是我生活中成長最多的。

我也來到了一塊心靈可以安歇之地，因為我知道神渴望我在愛中說出真實；祂不喜歡奉承，憎惡說謊的唇。這只是我們正在修習的一門更大整體學位中的課程，這個學位是——敬畏神，而不是畏懼人。讓我們停止將別人放在神的位置上，將他們對我們的看法抬高到神和神的看法之上。

所以，如果你和我一起出去喝杯咖啡及逛街，你挑了一條我認為你戴起來很好看的圍巾，我會告訴你它讓你看起來多出色，襯托出你眼睛的美麗顏色。但另一方面，如果它看起來醜多於美，你可能會聽到我這樣回答你，「嗯，這不是我的最愛。」但是你可以相信，你是我的最愛之一。而因為我珍惜我們的友誼，我會冒著容易受傷及誠實帶來的風險，知道這樣做既是為了討神歡心，也是因為我將你的最佳利益放在我的心上。

我親愛的姐妹，這一點你可以相信我。我說的是實話。

✦值得背誦的真理

防止重蹈覆轍的一個有效方式，是背誦聖經中關於這個習慣的部分，或甚至是一節經文。誠實這個課題當然也是如此。

這裡列出來一些關於說真話的經文，你可能會想要熟記於心。它們可以幫助你在開始說出假話或奉承話之前暫停一下，重新讓自己的心思與神的心思對齊。

- 不要彼此說謊，因為你們已經脫去了舊人和舊人的行為，穿上了新人。這新人照著他的創造者的形象漸漸更新，能夠充分認識主。（〈歌羅西書〉三章九至十節）
- 所以，你們要除掉謊言，各人要與鄰舍說真話，因為我們彼此是肢體。（〈以弗所書〉四章二十五節）
- 耶和華啊！誰能在你的帳幕裡寄居？誰能在你的聖山上居住呢？就是行為完全，做事公義，心裡說誠實話的人。（〈詩篇〉十五章一至二節）

• 卻要在愛中過誠實的生活，在各方面長進，達到基督的身量。（〈以弗所書〉四章十五節）

• 撒謊的嘴唇是耶和華憎惡的；行事誠實是他所喜悅的。（〈箴言〉十二章二十二節）

• 我的神啊，我知道你察驗人心，喜悅正直。（〈歷代志上〉二十九章十七節）

• 說實話的嘴唇，永遠堅立；撒謊的舌頭，眨眼間消失。（〈箴言〉十二章十九節）

• 你們應當行這些事：你們各人要與鄰舍說真話，在你們的城門口要憑著誠實施行帶來和平的審判。（〈撒迦利亞書〉八章十六節）

• 誰喜愛生命，愛慕長壽，享受美福，就應謹守舌頭，不出惡言，嘴唇不說欺詐的話。也要離惡行善，尋找並追求和睦。耶和華的眼睛看顧義人，他的耳朵垂聽他們的呼求。（〈詩篇〉三十四章十二至十五節）

• 耶和華恨惡的事有六樣，連他心裡厭惡的，共有七樣，就是高傲的眼、說謊的舌頭、流無辜人血的手、圖謀惡事的心、快跑行惡的腳、說謊的假證人，和在弟兄中散布紛爭的人。（〈箴言〉六章十六至十九節）

第五章
數位時代
對我們造成的影響

真實生活就是你的手機充電時發生的事。—— 無名氏

所以，你們行事為人要謹慎，不要像愚昧人，卻要像聰明人。要把握時機，因為這時代邪惡。因此，不要做糊塗人，要明白什麼是主的旨意。——〈以弗所書〉五章十五至十七節

又愛又恨的數位生活

我的鬧鐘傳來鳥兒的柔聲鳴叫，與慵懶的海浪輕輕拍打海岸的聲音，在十月一個寒冷的星期一早晨喚醒了我。我翻身下床，套上我最喜愛的絨毛浴袍，又要面對新的一週，我開始了早晨的例行公事。

例行公事的第一站，就是在廚房裡啟動我心愛的咖啡機。孩子們在我去年生日時拿出他們所有的錢，為我買了一台功能花俏的機器，不只能讓我喝到美味的爪哇深烘焙咖啡，還能為我那加了專用鮮奶油的咖啡打奶泡。這樣我就能啜飲一杯為我客製的拿鐵，不必特地出門到藍貓頭鷹（The Blue Owl）——我最喜歡的咖啡館——買咖啡。

那天早上，我等不及用雙手握住那杯熱氣騰騰的楓糖胡桃烘焙咖啡。但願它能驅走我腦袋裡的睡意，讓我準備好面對新的一天。我低頭看了一眼放在咖啡機旁的手機，我前一夜將它放在那裡充電。我已經開始養成習慣，將手機從臥室裡驅逐出去，以免它的誘惑令我難以自拔，無法在合適的時間上床睡覺。

當我關閉飛航模式時，大約五、六個或更多的訊息通知，開始了它們慣常的晨間運動，從螢幕上方紛紛滑下。

自從我在前一天晚上關掉手機後，有兩名家庭成員發簡訊給我。我女兒需要知道她一位祖父母的地址，好寄給他們生日賀卡。我的妯娌則在家族簡訊群組中告訴我們，艾曼媽媽前一晚在她住的安養院裡跌倒了，幸好只有輕微擦傷，沒有骨折。

Instagram上有七個私訊。兩個來自我在真實生活中認識的人。其他五個來自在這個社交平台上追蹤我的女性，因為她們閱讀過我的書，或參加過我的聖經研讀會。在這些訊息中，有三個要求提供我前一天傍晚發的，關於晚餐的秋南瓜湯食譜。另一位女性希望知道我是否會推薦教養幼兒的相關資源。

事情沒有就此結束。我點開另一個訊息，這次是來自曾經跟我一起上教堂的某個人——但我已經五年多幾乎沒有聽過來自她的任何消息了——她希望我為她寫封出色的推薦信，好幫助她找到一個新工作。更別說我還沒開始看我的電子郵件信箱。它也充滿了各種訊息，內容包括了人們希望我執行的任務，和他們渴望我採取的行動。這些各式各樣的訊息，幾乎在我的一天開始之前就威脅要毀掉它了。

我知道這種開始侵入我大腦的令人窒息的壓迫感，並不是手機的錯。我的手機只是無辜地待在它可愛的糖粉色手機殼裡什麼也沒做，這些要求卻在我的早晨一擁而上。但我還是想拿起那個電子設備，將它丟到廚房的地磚上砸個粉碎。也許這樣就可以停止無休止地捲動的螢幕，讓人們不再來煩我。

那天早晨我的沮喪心情，說明了我和手機一直以來的愛恨情仇。

手機可以把我的工作和私人日曆整合在它的螢幕上，我只需指尖一點就能查閱？愛了！

手機可以將人們的訊息傳給我，他們希望我幫助他們解決生活中的一些困境，並且現在就要！恨了！

手機可以讓我的動態欄塞滿我教孫女的可愛照片，她是名叫納歐咪的七歲衣索比亞小公主。愛了！

手機上有我的社交媒體帳號，以及它們提供的私訊功能，這讓完全陌生的人可以詢問我瑣碎的問題，或不請自來地評論我的一切，從我的最新髮型到我選擇的聖經版本。恨了！

手機可以幫助我和高中及大學同學保持聯繫，讓我知道他們何時經歷了例如失去父母的悲傷，或是例如新工作升遷、跨國搬遷等的人生里程碑。愛了！

手機可以打斷我的一天，讓我的待辦清單上塞滿了別人為我憑空想像出的任務，卻沒有問過我這些任務是否真的是我要做的。恨了！

你腦海裡已經浮現一張數位化圖像了，對嗎？

所有人、時時刻刻

數位時代的降臨，徹底地改變了我們的生活方式。當然，它讓許多事情變得更為容易，像是尋找前往一個不熟悉目的地的路線，或是搜尋快速而美味的食譜，好讓你用掉冰箱裡冷藏的那顆很快就要壞掉的花椰菜。然而，它也在許多方面造成損害，因為所有人和他們親朋好友都可以對你的生活提出請求，甚至是要求。

回想一下你的幼年時期。大多數人家裡都有安裝市內電話，如果室內電話沒有外接答錄機，那就得靠打電話到你家的那個人，自己和他們想要談話的對象取得聯繫。如果他們撥了你的電話號碼但沒人接聽，那麼晚點再打給你的責任是落在他們身上。然而，這套劇本如今已經完全翻轉過來。

如果有人想聯繫你而你沒有接電話，他們會直接留語音訊息給你。或者他們甚至根本不需要想辦法跟你說上話，他們只要發個簡訊給你就好。或在社交媒體上私訊你，或給你發封電子郵件。而現在，回覆他們以回答問題或答應請求的責任，則在你身上。

當所有這些訊息淹沒我的手機時，我覺得那天的待辦清單再也不是由我掌管了。就像有人從我手裡搶走了鉛筆，潦草地在我的待辦清單上寫下一堆亂七八糟的任務，卻完全沒有問過我的想法——當然更沒有得到我的允許——一樣。

我們的待辦清單越來越長，但這還不是麻煩的全部。還有一件事也同樣有害——由於數位時代的到來，其他人對於接觸我們的權限產生了錯誤的認知。人們現在覺得他們可以立即與你接觸，他們甚至以為可以立刻接觸到自己最喜愛的名人！當我還是個青少年時，如果想傳送訊息給最愛的電視明星，得想辦法拿到他們的粉絲俱樂部地址才行。那時，我會拿枝鉛筆用心地寫下我要給他們的訊息，然後扔到郵筒裡寄給他們，盼望他們會真的讀到。

但一切都改變了！現在，只要我們手裡有個方便的小設備，就能給某個名人發條推特。我們可以透過Instagram私訊他們，或者可以在臉書上發個什麼，標記他們的名字，同時加上一個巧妙的主題標籤，這些都是希望他們會收到我們的訊息。實際上，今天他們收到我們訊息的機會，比我們還在寄蝸速粉絲信的年代還要好上千百倍，社交媒體充滿了名人與普通人之間的互動。

也許最令我惱火的，還不是陌生人可以立即接觸到我的感覺。相反地，我最惱火的是現實生活中認識的人用數位方式聯繫我時，**他們預期的回應時間**。人們預設你被綁在手機上，手機從不離身。他們期待你立刻回覆發送給你的任何訊息，無論是文字訊息或是其他方式。也許他們對這方面的期待，是因為他們自己就是手機從不離身的人，生活的一大特徵是與手機的持續互動。因此，當你沒用相同的方式行事時，他們就覺得很奇怪。

讓我們以文字簡訊為例。美國人每天發送的簡訊超過兩百六十億封（是的，這裡是以億萬封在計算的！）平均而言，典型的美國人每天發送和接收九十四封簡訊，光是閱讀和發送這些訊息，每天大約就要花上五十五分鐘。

那麼你生活中的人們，希望你多快回覆他們發送給你的數位訊息呢？好吧，如果是客戶或老闆，而且是在上班時間的話，他們期待你在一小時內回覆他們。然而，如果不是在上班時間，而你正在和某個家庭成員或朋友傳送訊息時，這類訊息百分之九十五會在發送後五分鐘內被閱讀，而一封訊息的平均預期回覆時間僅為九十秒。

這種立即的接觸再加上預期快速回應，造成人們如果沒有在他們認為及時的情況下得到回覆，就會變得相當惱怒。而我們的網路存在，尤其是在我們社交媒體帳號上的存在，更進一步擴大了整件事情的嚴重程度。

需要做點解釋嗎？

有一天我女兒來密西根這裡跟我們相聚了一段時間，她是從北卡羅萊納州的家裡過來的。我們在房子後面的平台上放鬆休息，啜飲著冷萃咖啡，交換著彼此的生活近況。她把手機放在附近，因為她一直在處理一些工作上的事情。她擁有一家美容院，所以休假時也必須從遠端協助解決一些工作上的難題。她才剛在Instagram上發了一張照片，告訴人們她有多開心能在停工的時間待在中西部的家裡，與家人共度這段時光。

忽然間，她的手機嗡嗡作響。那是一條訊息通知，告知她有個幾年沒有聯絡過的人，在臉書上傳了封訊息給她。她跟這個人並不熟，但他們是臉友。對方想知道關於我女兒一位好友的訊息，她的婚姻正處於困難時期，很可能會離婚。我女兒沒理會這封訊息，她在休假，時間要留給家人，不希望受到打擾。但最重要的是，她不認為她朋友的婚姻關這個人什麼事。

她繼續讓手機躺在那裡，計畫至少過幾天再回覆。但是訊息那端那個好奇心旺盛（而且相當執著）的人卻不死心。她又傳了一次訊息給我女兒，然後傳了第三次。最後，她說了些讓我難以置信、也令我女兒十分生氣的話。

「請回訊給我。」她口氣專斷地說。接著，她做了一件令我意想不到的事，但我女兒說這種事已經遇過好幾次了。這個人繼續聲稱，「我知道你在看手機。我剛才看到你在Instagram上發文。我在等你回覆，請回訊給我。」

這到底是什麼情形？我無法相信她竟然在社群媒體上用跟蹤的方式來指使（如果不是霸凌的話）我女兒。從那天起，我就在自己的數位活動中留意這種現象。我們在社群媒體上持續不斷地播報生活的點點滴滴，因此其他人知道我們的行蹤。而當他們看見我們發文時，就知道手機在我們身邊。（或至少他們認為他們知道。我在一些社交媒體上的發文會使用一個安排行程的應用程式，這樣我可以在週末就將它們預載，然後如果我想的話，就可以在一週的其他時間不管它。）

幾年前，如果一個朋友想要在某天和你碰面，但你告訴他們你沒空，通常故事就結束了。你們可以計畫之後找個日子再碰面，而且可以期望這不會帶來任何不快。

快轉到今天。有天，一個朋友可能會問你要不要出來喝杯咖啡。你禮貌地回絕，告訴她你有別的計畫了。但你朋友可能不知道，你的其他計畫包括跟另一個朋友共進午餐。於是，你在約定當天就去吃午餐了，完全忘記你幾小時前才剛回絕了那個咖啡約會。接著（就像我們許多人在社交媒體上習慣的那樣），你發了一張有趣特別的照片，上面是你美味的彩虹沙拉，旁邊則是你朋友正在享用的烤波特菇三明治和炸薯條。你在發文時還透露了這家餐廳的位置。你也在文章中標記了你的朋友，還加上了「#和朋友們共進午餐」的主題標籤。

糟了。

你吃完沙拉，接著——當你正在瀏覽甜點菜單，努力決定要叫個檸檬派還是無麵粉的巧克力蛋糕時——你手機的訊息提示聲響起。是那個想跟你喝杯咖啡的女孩傳來的訊息。她說了些刻薄話，顯然她感覺受傷了。現在你心裡正因為跟她討論這個情況時預期出現的尷尬氣氛而感到焦慮。你從來不想傷害她的感情。但顯然當你發布照片時，甚至沒想到你朋友在社交媒體上有關注你，而她會看到你在那天和別人共進午餐。

在這種情況下，我們有辦法避免冒犯別人嗎？如果想跟你喝咖啡的這個朋友對你的友誼沒有不安全感——而如果你直截了當地說明拒絕她邀請的理由，讓她知道你已經跟一個朋友約好共進午餐了——就可以排除一個可能因為社交媒體引發的棘手狀況。但是如果對方心裡潛伏著不安全感時——而你又每天都在Instagram發布限時動態，記錄你發生的事——你可能就會落入一個「覺得自己需要做點解釋」的情境中。

但我們生活中的人們是否有權利要我們解釋所選擇的活動？我們難道就不能隨心所欲地過日子，不去管這樣是否會讓別人不高興、嫉妒甚至生氣嗎？我們如何在持續發送生活點滴的同時，不會像現在正躺在書桌抽屜底部那三副有線耳機一樣，全都糾結成一團？當人們只要從自己的掌心就可以觀察到我們的生活時，我們如何處理似乎時時刻刻都可以接觸到自己的所有人？

螢幕時間策略

如果不想出一些策略來防止人們通過數位互動來脅迫，我們就會發現自己在承受或隱微或明顯的壓力。這裡是一些值得思考的概念，以及值得採取的做法，可以幫助我們應對經常感覺到的手機帶來的壓力。

首先……好的……這對一些人來說可能有點困難……

誠實面對自己的手機成癮症

我知道、我知道，你不認為自己有手機使用方面的問題，我當然曾經也是這麼想的。直到我的朋友琳賽告訴我，有一天她用一個應用程式來記錄和檢查手機使用情況，甚至包括手機被觸碰多少次。在那之前，她從未思考過花了多少時間在社交媒體上，或是在網路上四處瀏覽部落格文章和網站，甚至沒想過花了多少時間在傳訊息給別人。一天晚上，當她終於注意到自己前二十四小時的活動時，她對那天花在手機上的時間，以及拿起手機數百次（是的，數百次！）這件事感到十分震驚。

受到她追求自我覺察的啟發，我決定完全不改變使用習慣，下一週結束時檢查一下我花了多少時間在自己的手機上（我的手機其實會自己記錄時間，不需要下載外部應用程式）。我在節制臉書和Instagram的使用上做得相當不錯，而且很少花時間四處瀏覽部落格和網站。但是推特對我很有吸引力，我喜歡在晚上上床前查看推特，了解一下當天發生了什麼事。

現在，如果你問我每天晚上花多少時間在推特上，我估計大約十到十五分鐘。剛好夠我查看各個新聞管道，看看世界上正在發生什麼事。但是那週結束後，當我看到每晚花在推特上的時間平均長達四十七分鐘時，簡直不敢相信我的眼睛。一星期總共是三百二十九分鐘！和我一起算個數學吧，我一星期共揮霍了五個半小時的時間在推特上！

這個警鐘迫使我採取了兩個行動：在我的推特上設定十五分鐘的使用上限，也不再在睡前把手機帶到臥室裡。現在它都在廚房櫃檯上過夜，我再也看不到它閃爍的螢幕召喚我查看另一篇新聞了。

誠實面對你在多大程度上允許手機控制你，而不是你在控制手機。

這會引導我們來到下一個建議。

預先決定數位邊界

當談到房地產時，邊界劃分了你和鄰居的財產。它顯示你的房地產到哪裡為止，而他們的從哪裡開始。在人際關係中，**邊界發揮了個人財產界線的功能**，它顯示你的私人空間以及別人可以進入的程度。

我會是第一個承認自己非常不擅長設定邊界的人。多年來，我發展出一種行為模式，告訴生活中的人們，我很樂意放下正在做的一切來幫助他們。我沒有真正因為他們越界而責備他們，而是用行為教導他們可以如何對待我。就算我真的有什麼邊界，也不是很牢固。它們就像最薄的蜘蛛網一樣，在晨光中閃閃光亮。很容易看見，但只要一陣微風吹來，它就破了。

當談到我的手機時，邊界的樣子可能像這樣：當你的家人吃晚餐的時候，你會開啟手機的勿擾模式。這個功能只允許你「最愛名單」中的人打電話進來，你是擬定這個名單的人。對我而言，我把直系親屬、所有的祖父母和我婆婆住的安養院，以及工作上的直屬上司都放進名單裡了，以防緊急情況發生。當我把電話設定在勿擾模式時——時間是從我坐下吃晚餐到隔天早晨啟動咖啡機為止——所有其他的電話和訊息全都靜音。（如果來自同一支號碼的電話在三分鐘內打了兩次，這項功能確實允許手機發出鈴聲。這樣一來，真正有緊急狀況的人仍然能夠聯繫到你。）

過一陣子，人們知道了我建立的這個邊界，他們就不再期待我立即回覆了。他們知道我在隔天早上之前，都不會看他們傳來的訊息。你也可以使用自動回覆功能，當手機知道你在開車時就會自動送出回覆。我的會說，「我正在開車，手機目前開啟專注模式。稍後當我抵達目的地並有空回覆時，我會閱讀你的訊息。非常感謝。」

邊界在文字訊息方面也能提供幫助。但是人們都能在網路上找到你的那些地方呢？對此，我的建議是……

用一貫的行為發送出一份社交媒體教學大綱

我想我們都明白社交媒體的力量。它可以用於為善：迅速收集大量請願名單，帶來需要的改變。它可以是個娛樂的有趣場所：發給朋友一個在網路上瘋傳的搞笑影片。不幸的是，它也可以用於為惡：像是在網路上霸凌孩子。然而，你是否曾想過，你在社交媒體上的行為，也正在給與你在那上面有聯繫的朋友們上一堂課？

是真的！為了證明我的看法，讓我問你幾個問題。你能想到你在某個社交媒體帳號上的某個人——比方說臉書好了——可以指望他總是對某個貼文第一個按讚或是留下評論的人嗎？在我的大家庭裡就有這麼一個人。他在外面有份全職工作，但他似乎二十四小時手機不離身，因為無論我（或家庭裡的任何其他人）何時發文，一百次裡面有九十九次他都會是第一個按讚或留言，或同時做這兩件事的人。

但是，想一下反面的例子。是否有些在社交媒體上與你聯繫的人，你知道他們鮮少對文章按讚或留言？事實上，當你聽到他們的消息時會相當震驚，通常是他們每年發送給你的強制性質的「生日快樂」臉書訊息。

這些人都給你發送了他們的社交媒體教學大綱。就像一位老師一樣——他上課第一天就在教學大綱中給了你一個清晰的圖像，告訴你關於這個學年該期待什麼——這些人透過他們重複的行為模式精確地告訴你，可以從他們身上期待什麼。而你也在對你生活中的人們做著同樣的事情。

花些時間來檢視你的數位活動是值得的，看看它們正在增加你從人們那裡感受到的壓力。如果人們已經知道你會是第一個跳下來，並伸出援手或是報名成為志工的人，當他們需要有人來做某件事時，你就會成為必備人選。如果你給人的印象是持續點擊、按讚和留言，當他們看到你沒有給他們的貼文按讚時，你可能就會引起某人的不快。（我知道這在青少年中是更普遍的現象，但即使是成人，如果有人沒有給他們的某個貼文按讚，他們也會感到不是滋味。）

我其實曾經犯過在社交媒體上過度按讚的毛病。後來臉書除了藍色的拇指向上符號外，還引進了一個愛心的符號，作為對貼文的反應。我一個朋友曾說，她會十分謹慎地選擇在哪篇貼文留下愛心符號。畢竟，如果你每篇貼文都留下愛心符號，愛心的意義就被沖淡了，不是嗎？我現在回應與留言的次數都少多了，**只將愛心保留給那些真正令我受到感動的貼文**。

你或許也想試試看透過調整社交媒體帳號的設定，來建立其他的邊界和參數。我曾經每週至少花一小時，來回應我在臉書頁面上收到的私訊。這些訊息中有很多是人們想要知道我是否能夠推廣他們的多層次行銷業務，或是在我的網站上介紹他們的副業。其他則是要求我協助他們解決私人問題，即便我不是個有執照且訓練有素的諮商師。這些請求中極少有我需要知道的事，或是能夠幫得上忙的。我最後想出了一個簡單的解決辦法。**我關閉了臉書頁面的私訊功能**。人們仍然可以透過我的網站發送電子郵件給我，但我發現他們較不可能這樣做。

接下來——喔，我花了一些時間才採用這個策略……

熟悉使用封鎖功能及刪除鍵

如果設定邊界參數及發送一貫的社交媒體教學大綱還不夠，我們也許需要採取更激烈的手段了。有一天，我向一個朋友抱怨我收到大量沒有聽過的人請求我幫忙他們推廣書籍，或是在我的網站或社交媒體帳號上介紹他們的產品，有時一天收到來自同一個人的多條訊息。然後，我睿智的朋友看著我，簡單地說：「好吧，有個解決辦法。刪掉他們的留言，不要回覆就好。如果有人重複騷擾你，就封鎖他們！」

刪除和封鎖？但這樣做似乎太極端了吧！不過讓我告訴你，這方法拯救了我在社交媒體上的理智。現在，人們在網路上接觸你的權限已經頒給他們打擾你——如果不是直接騷擾的話——的許可證了。如果必須這麼做的話，不要害怕使用這些有效的工具。

接下來……

接受邊界和行為的結果，不要感到內疚

好吧，姐妹們，我這是在對自己說教啊。幾年前，對我而言，採納我在這裡給你們的這個

建議是非常困難的。儘管在大多數情況下，人們都理解我的界線也尊重它們，但有些人卻對我有些惱怒，如果不是直接發怒的話。有幾個人讓我知道他們的感受。

例如，有位女士（我甚至不認識她）看見我發文說為我兒子和他的足球隊友們做起司玉米巧達湯，然後就在臉書上私訊我，要求我分享食譜。我刻意沒回。我那天忙翻了，實在沒空坐下來打一篇完整的食譜。四十五分鐘後，她又傳了訊息給我。然後過幾個小時後，再傳一次。我仍然沒有回應。於是她拿出了她的祕密武器：她丈夫。他發了個訊息給我，告訴我他的妻子已經多次向我索取食譜，並計畫當天晚餐要為他做這道湯。他堅決要求我好心地將食譜給她，因為那時已經是午後三、四點了，她必須在開始做他的晚餐之前去雜貨店買材料。

你、能、相、信、有、這、種、事、嗎？

真是勇氣可嘉！我簡直驚呆了。我等了整整兩天，然後用禮貌親切的態度回覆他們兩位的訊息。我感謝這位妻子追蹤我，並告訴她我那天無法從行程表中抽出時間將食譜打出來。但我計畫在部落格上發表一篇文章，介紹我最喜歡的五種秋季湯品，那種湯也是其中之一。我告訴她保持關注，因為貼文將在幾天後發布。我不確定她對我延遲的回覆感覺如何，因為我再也沒有收到她的來訊。（唉，我希望她可憐的老公那天晚上沒有挨餓！）

其他對我新建立的邊界感到不高興的，是我在真實生活中真正認識的人。一個是超過二十五年前認識的人，當時我念高中。我是她兄弟姐妹的朋友，但是跟她的交情不深。她更像是個熟人而已。她的訊息開頭是，「嘿，親愛的朋友。」這已經變成會讓我立刻提高警覺的話語了。因為每個「嘿，親愛的朋友」問候語之後，通常都會有某個很大的要求隨之而來。當我讀到它時，我的「被要求天線」就立刻豎了起來。

總之，她說一直在追蹤我的事奉及事業，並滔滔不絕地說著她對我成為一名作家感到多麼高興。然後呢？然後要求就來了。好吧，事實上，與其說它是一個要求，不如說是一個告知。她感覺神呼召她去寫一本書。對此我一點都沒有質疑；祂很可能這樣做了。我有異議的是接下來的話。她說一直在為如何打入出版業而禱告，神一直讓她的腦海中出現我的名字。她想和我碰個面，「聽聽我的想法」，讓我幫助她寫一份出書提案，然後把它交到某個編輯手中。她自信滿滿地打出了神這張牌，說這一切都是祂的主意。誰會對神祂本人說不呢？

我一直在想，如果這是神的主意，為什麼祂沒告訴我呢？我可能在回覆時跟她解釋了太多。我對這種事還是個新手。但我讓她知道，我的生活沒有多餘的時間可以提供一對一的客戶指導。此外，我也在箴言三一事工團（Proverbs 31 Ministries）的COMPEL作家訓練課程（COMPEL Writer's Training）中以專業方式從事這項工作，為有雇用需求的客戶提供小團體指導。這不是說我不會幫助朋友寫書。我曾幫助過幾個親近的朋友。（那些人是和我每個禮拜都有互動的人、在我的家庭經歷悲傷時帶來一鍋燉菜的人，或是我邀請上門參加後院營火聚會的人，而不是那些我幾十年沒聯繫的熟人。）

當你建立一些堅定的邊界時，這無疑會令一些人感到不安，你可能不得不進行一些令人不適的對話。然而，**你將透過監控能力以及明智地使用時間而拯救你的理智**。不要讓內疚感影響你。無論如何，這通常是虛假的內疚感，是別人強加給你的。把它放進禱告中，如果神真的呼召你對一個請求說是，祂會讓你確信這點，而不是讓你因內疚感而接受。

✦ 通過螢幕測試

今天，向我們提出的請求已經超出了來自隔壁多年老鄰居的老派請求：「我可以跟你借點糖嗎？」現在，人們需要我們傳個連結給他們、告訴他們我們在哪裡買他們在Instagram貼文裡看到的某樣東西、把我們的名字放在數位登記表上，或者（我最害怕的一種）如果我們「真的愛耶穌，不以愛祂為恥」，就把他們俗氣的圖片貼出來。數位年代已經降臨，那些想要我們的時間，請求——甚至要求——我們幫助他們的人如今得到了甚至更多的管道。

我為你們這樣禱告：當你打開筆記型電腦或滑開手機螢幕時，你將已經採取適當措施，它們會大幅減少那些想要讓你（甚至是讓你因內疚感）做某件事的人。如果你不想把時間填滿，隨時會有一大堆其他人等著要幫你填滿。他們只需要給你傳個簡訊或是發封訊息給你就好。

你要立場堅定，但態度要和藹可親。把邊界劃好，它們會有益於你的人際關係，讓你感到前所未有的自由。別讓人們在網路上對待我們的方式，引誘我們掉入取悅人的陷阱。

第六章

如何做到「拒絕」

學會說不；這對你來說比讀懂拉丁文還要有用。
—— 查爾斯・哈頓・司布真

你們的話，是就說「是」，不是就說「不是」；如果再多說，就是出於那惡者。——〈馬太福音〉五章三十七節

學會自信說「不」

我的「必要與拒絕」之夏是個令我大開眼界的體驗。因為我打算不要承擔任何超出我的家、家庭和神職工作所需的任務，對我而言，這強調了我是多麼頻繁地被要求承擔責任、允許請求或提供幫助。但並不是馬上就能熟練地說不。一開始很痛苦，我花了些時間才漸漸習慣。（好吧，其實我還是沒有完全習慣！）但是必須經常說不的那幾個月讓我恍然大悟，原來有這麼多機會在敲著我們的大門，想要讓我們說是。

是那個同事，他有件完全不屬於你專業領域的事情需要幫助，但因為你跟他的交情，你答應了。

是那個剛買了他們第一棟房子的親戚，有六個房間需要粉刷，而他們以前從來沒粉刷過房子。但因為他們知道你可算是這方面的專家，想知道你是不是可以開個半小時的車到他們家，幫他們粉刷一、兩個房間。

是教會裡為你保留了一個位置的那個委員會，因為你十分擅長舉辦跟婦女相關的活動。或是你孩子的老師希望你能幫忙課堂學習項目，或是他們的教練，他需要一個人來張羅提供這個賽季的所有賽後點心。或是鄰居，他希望下週他們不在家時你能幫他餵貓，一天兩次，還有每天清貓砂盆。

然後還有那些贏得你真摯同情的人。你剛離婚的朋友，為了上地方社區大學的週末課程，禮拜六她需要一個八小時的保母；她希望盡快開始她的學業，這樣就能找到一份薪水更高的工作。另一個朋友正在為一個家裡剛剛有人過世的人，找人幫忙協助飯食。然後是你表哥打來的電話，他正在為可以留在奶奶家過夜的親戚建立一個行程表，這樣奶奶就可以繼續住在自己的家裡，而不是搬到年長者公寓。

答應這些請求不僅會讓我們的壓力高漲，還會讓日曆上毫無空白，而我們本來可以利用這些時間更有效率地從事優先事項——花時間與神和家人相處、追求一項嗜好，或只是讓我們可以得到非常需要的休息。**每當我們向某件不該答應的事說是的時候，就是向某件重要的事情說不。**

在何時答應及如何拒絕這方面，我認識的最睿智的人之一是我的好友（也是箴言三一事工團的主席）麗莎・特克斯特（Lysa TerKeurst）。她在她那本十分實用的書《做對選擇，讓生活變輕盈：別讓他人的要求支配你，找回自己的空間與自由》（The Best Yes: Making Wise

Decisions in the Midst of Endless Demands）中傳授了她從路易・紀里歐（Louie Giglio）牧師那裡學到的一些建議：「每當你答應某件事時，可以投入其他事情的時間精力就減少了。**要確保你的承諾值得你減少的投入。**」

在二十多年的友誼中，觀察麗莎的行為教會我許多，關於是與否的簡單回答的意義，以及這些回答不僅影響我們的行程表，也影響心理健康。她在生活中取得了一些了不起的成就，無論是在她的家庭或是事奉上。但是近距離地觀察她令我明白，這一切並非偶然。這是因為她知道她所說的「小小拒絕」的力量。

對那些我們（透過禱告及研讀神的話語）知道不是我們要做的事說不，使我們可以自由地向神為我們安排的重要任務說是。只有當我們可以篤定地拒絕一些次要的事情之後，才能與神親密同行，勇敢地答應祂呼召我們去做的事。我聽過麗莎對此的總結，她建議：「找到說是的勇氣，為自信地說不而奮鬥。」

當我們學會自信地說不時，就釋放了自己，可以對神（而不是其他人）請求我們去做的事說是了。

什麼是神的旨意？

我發現神的旨意這整個概念是相當吸引人的話題，在這裡你可以發現人們對於它的意義有各種不同看法。我也認為這是個相當容易令人絆跌的領域。人們發現神的旨意如此神祕難解，因此非常害怕犯錯，讓他們遠離神為他們安排的完美道路。無論是我們該上哪間大學，是否該結婚（或是該跟誰結婚），如何教養子女或是該買哪間房子，我們都想像神就高高地坐在雲端，祂有個完美（但不知何故極端複雜）的公式，可以決定我們的生活到底該怎麼過。如果我們做了錯誤的決定，就脫離了神的完美旨意。但事情真的是這樣嗎？我們的決定無疑是重要的，但它們真的是如此深奧難解，以至於根本不可能搞清楚嗎？

在網路上搜尋「如何得知上帝對我的生活的旨意」，出現的成千上萬搜尋結果可能會讓你需要花上一輩子的時間來閱讀！讓我們試著把事情弄得簡單點，**想出一個有用的方法來分辨什麼時候你該答應，什麼時候拒絕對你較有好處**，以及這與神的旨意有何關係。一如往常，聖經始終是幫助我們正確處理生活以及這類情況的關鍵。

這裡有幾個問題可以問自己，還有幾段經文可以幫助你回答問題：

我是否刻意為我生活中的日常決定禱告？

按照〈羅馬書〉十五章五至六節來禱告，它宣告，「願賜忍耐和安慰的神，使你們彼此同心，效法基督耶穌，同心一致地榮耀我們主耶穌基督的父神。」請求父神賜給你忍耐和安慰。禱告祈求能在日常決策中與基督同心，因為它們不僅影響你，也會影響到其他人。祈求神讓你做出榮耀祂的明智選擇。

使徒保羅在〈哥林多前書〉二章十五至十六節寫道：「屬靈的人能看透萬事，卻沒有人能看透他，如經上所記：『誰曾知道主的心意，能夠指教他呢？』但我們已經得著基督的心意了。」

禱告祈求聖靈允許你做出正確的判斷，不是只根據你自己人性的推斷而做出判斷。接下來，在你每天與神的禱告時間中加入以下這些持續的提問。

這會違背神在聖經中闡明的心意嗎？

這個重要的思考可以讓你在某些情況中立即說不。我們不該答應明知違背神的話語的行動。這些事情也許似乎很明顯，不需要討論，但如果你知道有多少人因為沒有拒絕神在聖經中禁止的事情而讓自己的生活陷入一團亂，你會感到十分驚訝。

例如，你的配偶是否想要你在稅務上編造一些訊息，撒些能夠帶來更多退稅的謊？你的同事是否請求你掩護他們，向你的上司撒謊說他們在哪裡，因為他們知道如果真相被發現，他們會有麻煩？在這些情況下，我們的答案都應該很清楚。上帝的話語告訴我們，說謊是錯的。因此當人們請求我們這樣做時，我們應該拒絕。喔，我明白這可能說起來容易，做起來難，尤其是如果你過去已經養成了為這些人說謊的習慣。但如果我們拒絕參加任何神說是錯誤的事情，就可以讓自己省下麻煩或心痛。

我是否為了這個特殊的請求，花時間沉思及禱告？

有時我們給出一個錯誤的答案是因為**立即回應了那個請求，而沒有花時間思考**，並尋求神的清楚指引。透過這樣做，可以幫助自己走在正確的道路上，而不是因為回答得太快而偏離軌道。〈箴言〉二十九章二十節呼應了這一想法：

你見過言語急躁的人嗎？愚昧人比他更有指望。

〈雅各書〉（聖經中最實用的一卷書，也是我最喜歡的書卷之一）也敦促我們不要太快開口說話：

我親愛的弟兄們，你們要知道，人人都應該快快地聽，慢慢地說，慢一點動怒……（〈雅各書〉一章十九節）

當我們停下來禱告時，就能更好地做出最佳選擇。當我們擔心自己回答錯誤時，透過禱告與神交流，可以有助於消除決策過程中的焦慮與憂心。

保羅在〈腓立比書〉四章六至七節中寫道：

應當毫無憂慮，只要凡事藉著禱告祈求，帶著感恩的心，把你們所要的告訴神。這樣，神所賜超過人能了解的平安，必在基督耶穌裡，保守你們的心思意念。

這段經文跟建議我們什麼時候在禱告中來到神面前，在「凡事」上。相信我，許多要求我們回答是或否的請求，可能導致我們陷入一些嚴重的情況，因為我們肯定的回答而落入陷阱。

因此，停下來，思考，禱告，然後問問自己，你是否試過這種古老但有效的做法……

我是否列出了利弊清單？

好啦，我知道這聽起來很像你媽在你七年級時教你的決策練習，當時你正在試著決定要參加哪項運動，但它其實是個非常有用的練習。無論是數位輸入，還是用老派的方式，用原子筆寫在筆記紙上（我有些漂亮的粉紅及水藍色原子筆就是為了這個目的買的！）在紙的最上方寫下請求、機會或問題。接著，將這些字下方的空間分為兩行，一行寫上「優點」，另一行寫上「缺點」。

列出當你想要答應這個機會、請求或問題時，你的腦海中最先跳出來符合這兩個類別情況的任何東西。這不是你會在五分鐘內做完的練習。當你做這個清單時，至少花個二、三十分鐘好好想想。然後放下筆記本和筆，沉澱個至少一天的時間。

隔天再重新審視這張清單，讀一讀你寫的東西，並在兩個欄位中加入你想到的任何額外項目。當看見擺在你面前用白紙黑字（或是在我的情況裡是水藍和粉紅）寫下的一件事情的利弊得失時，這通常可以幫助你得出自己的結論。

如果你覺得對這件事傾向於同意，那麼接下來請考慮這個：

我考慮過答應這件事，會對我扮演其他角色和承諾造成什麼影響嗎？

每當我們答應一個承諾時，就是將一個新的責任攬到自己的身上。除非我們還有許多餘力（而我們大多數人都沒有），否則就必須重新安排一些事情——也許甚至是刪除一些事情——**為新的請求騰出空間**。嚴肅地思考會對你已經承諾的事情造成什麼影響。我們常常高估了處理事情的能力，沒有準確地認知到新的責任會對已經十分緊湊的生活造成什麼影響。

當我們考慮事情的這個面向時，也別忘了問自己下面這個問題：

如果我把其他事情交給別人做，我是否能夠滿足這個請求？

你的答案不一定是否定的。有時我們確實是被呼召去承擔一項新的任務。如果經過禱告及思考後，你還是覺得神傾向於要你回答是，但你不確定要如何將這個新的責任融入繁重的生活中，考慮一下，也許是時候退出你現在正參與的某件事了。當然了，請記住，如果你做出了承諾，就會希望有始有終地參與，直到這項責任在指定的時間完成為止。神也許呼召你放下某件祂不再渴望在你生命中的事情，並答應某件新的事情。

也請你問問自己這個問題……

我是否徵求過其他經常禱告，並將我的最佳利益放在心上的人的意見？

現在不是單獨行動的時候。徵求你認識的生命成熟的基督徒為你禱告、給你建議，在你做決定時尋求他們的幫助。請求他們在上帝面前尋求答案，在他們這麼做時與你分享他們的想法，你會獲得洞見，更容易做出決定。

我喜歡擴大版聖經中〈箴言〉十五章二十二至二十三節提出的從他人那裡獲得建議的概念：

不經商議，計畫必定受挫；謀士眾多，計畫就可成功。

應對得當，自己也覺喜樂；合時的話，多麼美好！

如果我們的目的是給予合適的答案——這樣做最終會帶來喜樂——就必須尋求明智的建議

和堅實的屬靈諮詢。

最後，請你反思一下……

當我想好了決定（但還沒告訴對方）時，是否誠實地問過自己，取悅別人對我的決定有任何影響嗎？

如果有，就必須承認這點，勇敢一點，也許會改變你的回答。

好吧，讓我們假設你已經完成了這個過程，並且完全確定你該拒絕這個請求。要做到完全誠實，又要無損於你和對方的良好關係，最好的拒絕方式是什麼呢？

讓我們從球場上學到的一個小教訓開始。

學會防守

我們的小兒子在州冠軍美式足球隊擔任防守邊鋒。進攻的角色可能看起來更刺激，只要想像一下你是那個觸地得分的人，或是那個在最後一分鐘做了一個「萬福瑪利亞」長傳給前鋒，讓前鋒得以跳入達陣區並贏得比賽的四分衛就可以了。但事實是，在藍金色的綺色佳雄蜂隊（Ithaca Yellowjackets）十四場全勝的畢業賽季中，有許多場是透過策略及強力防守，而不是令人目眩神迷的進攻拿下的。

如果我們想學會在取悅人的比賽中取得勝利佳績，就必須**學會防守**，**制定邊界及策略**，好讓我們在應該立場堅定時不會那麼容易讓步。這裡有幾個對我很有效的方法。首先……

儘早掛出警告旗幟

那些善於從別人那裡得到他們想要的東西的人——無論是屬於咄咄逼人那一類，還是姿態較柔軟但善於操縱人的那一類——是閱讀你的身體語言及詮釋你所說的話的專家。學會儘早掛出警告旗幟，讓他們知道你不會立刻答應，但你會在給出答案前仔細考慮過答應後的所有後果。如果他們感覺到你的決心出現了裂縫，會抓住這個機會，進一步利用你的感情、好心或是慷慨，以便獲得他們想要的東西。然而，如果他們開始從你身上感覺到（以一種不是懦弱的方式）你在回應前謹慎地考量決定，他們可能就不會那麼快提出要求了。

不要找一堆藉口

沒有必要找一長串的藉口，試圖為自己辯護。我已經犯過太多次這樣的錯誤。把精力花在主要的事情上。給他們一個直截了當的答案，告訴他們你拒絕的理由，**只透露必要的訊息**。**不要長篇大論**。你不欠他們一個詳細的解釋。說重點，姐妹，說重點！（這是我在給自己精神喊話，今天稍晚我必須跟某人說「不」！）

為了幫助做到這點，請從下一個要點的應用開始……

用一些溫和但有力的必備說法來武裝自己

這可能會非常有效！你肯定有過這樣的時候，在你的腦袋裡，你知道自己想說什麼（就像當我朋友在那個決定性的夏天問我，她兒子能不能在某些日子過來跟我們住時一樣）。但是當你想要把正在思考的想法下載，串成連貫的句子，用你的嘴唇真正說出來時，網路卻斷了！如果你感覺到你對被要求去做的事情產生了戒心、不情願或完全是抵抗的心理時，有一長串預先計畫好的回應說法肯定是很方便的。

這裡有幾個合適的說法，可以加入你的回應清單裡。一旦你的嘴巴將這些話說出來時，可以根據當時手邊的情況結束這個句子。

「雖然我很樂意幫忙，但我現在實在沒有餘力提供任何幫助。」

「我真的很關心你和你正在經歷的一切。但是我的工作和家庭實在讓我分身乏術，無法抽出任何時間來幫你。」

「我可以看出你顯然需要幫忙，但是答應你其實只會造成損害，因為我沒辦法專注在這件事上，而那是必需也是應該的。」

「神一直處理我在家庭之外承擔過多責任的問題。所以我的生活現在處於無法承擔任何新任務的階段。感謝你的理解。」

「我很遺憾聽到你的情況。雖然無法幫助你解決問題，但我會祈禱你找到幫得上忙的完美人選。」

這最後一句話引出了我們的下一個必備策略……

提供一、兩個替代解決方案

我們應該關心生活中所愛的人遇到的困境。但我們不能總是飛奔過去，當他們的救世主（耶穌已經擔當了那個工作！）然而，如果你心裡知道你不應該是幫助他們解決問題的人，還是可以用提出一、兩個解決方案的方式來幫助他們。

如果時間許可，可以提議和他們一起想想有哪些其他人可能幫得上忙。和他們好好談談他們的困境，看看你是否可以找出另一種解決手頭上麻煩的方法，而不需要其他人的幫助。如果你還有點空——例如等待看醫生或是在辦事的空檔——針對他們的困境上網做點研究。然後把你找到的連結傳給他們，也是一種幫助的方式，不需要扮演主要角色。**幫助那個人解決問題，而不是為他們解決問題**。

好了，接下來是我經常告誡自己的一句話。

提醒自己，不是每個需求都是呼召

這句精闢的話是多年前一個朋友送我的，當時我的孩子都還小，我是個家庭主婦。由於我當時沒有在外面工作，因此數不清的人會來找我，希望我幫忙他們的計畫，或是解決他們的問題，因為他們想當然耳地認為我隨時有大把時間。

當時的我有個很大的問題，就是會去承擔別人的麻煩。一個睿智的朋友教我記住，不是所有需求都是我的呼召。我的朋友是否有需求呢？她當然有。但那不表示我非得是那個幫助她減輕麻煩的人。此外，當我試圖滿足他們的需求時——我不是真的感覺神呼召我去這樣做——我就是從神一開始想要去滿足這個需求的人那裡奪走祝福。

我們必須禱告、研讀聖經，仰賴生命中那些成熟基督徒的睿智建議，透過這些方式才能發現哪些需求才是我們的呼召，哪些需求只應該留在禱告單上。提醒自己，不是每個需求都是你的特殊呼召，這樣做可以是一個使你得以衝破取悅人的牢籠的強大手段。

說到牢籠，這裡還有一個……

別付保釋金

我們之中的一些人是救援者。我們的朋友做了一連串使得他們陷入困境的不明智決定，然後他們向我們求援。我們穿上幫助者斗篷，跳進別人的麻煩中，準備再次拯救他們。別付保釋金了！**他們的困境既不是你的錯，也不是你的責任**。即使不是道德上有問題的事情好了，也是由於他們缺乏規劃所造成，你不需要成為那個跳進去拯救世界的人。提醒自己，不要再付保釋金及充當救援者的角色了。向自己重複這個事實：他們過去缺乏規劃不代表我現在要處理他們的緊急狀況。

最後……

認知到你不需要每次都答應朋友的請求，但你仍然可以珍惜友誼

我們這些喜歡別人的認可與讚美的人通常會誤以為如果拒絕一個朋友，就是在削弱──也許甚至是損害──這段友誼。但這不是事實！我們仍然可以珍惜一段友誼，而不需要答應朋友

向我們提出的每個請求。

你的目標是**在與懇求你的幫助有關的談話之外，找到表達愛與善意的方式**。在他們生日時寄張手寫生日卡給他們。傳給他們一段鼓勵性的聖經經文或引言，你認為這可能會觸動他們的靈魂。隨意挑個日子，送他們當地咖啡館或最喜愛的商店的禮物卡，只為了向他們表達你對他們友誼的感謝。

除了每當朋友有需求時跳進去當救火隊之外，你還可以用許多方式鞏固你們之間的友誼。如果他們是真心的朋友，他們會了解，有些時候你就是必須向他們說「不」。

能力的詛咒

我們這種聰明、強壯，能夠同時勝任多項工作的女性受到了詛咒。喔，我的意思不是說，某個戴著黑色尖帽的女人真的向我們施了法術。但我們還是被詛咒了。那麼這個降臨在我們身上的不幸厄運是什麼呢？

女超人

關注我們生活的人注意到，我們似乎擅長處理很多事情。我們在工作和家庭責任間力求平衡，而且似乎顯得游刃有餘。因此，當他們在某個計畫上或某種情況下需要幫助時，他們會上哪裡去呢？當然就是找上我們了！畢竟，我們是如此精明能幹、自信滿滿。但這種能力的詛咒——如果不直接面對的話——可能對我們造成莫大困擾，並使我們的時間和人際關係都處於緊張狀態。

在這方面對我幫助最大的，是一個睿智的朋友在多年前介紹給我的一個概念。當時我是有三個小孩的年輕媽媽，他們都還不滿六歲。但老天哪，我給人一種很能幹的感覺。我很少拒絕別人的請求，我參與了教會、社區和大家庭的各種活動，我忙到除非給孩子餵奶，否則根本沒時間在沙發上坐下。

正是在我人生的這個階段，一個朋友向我說明了一個十三字真言，從此它一直是我在過度承諾方面的指路明燈。當我向她抱怨我有太多的責任，以及不確定我是否能完成所有事情時，她跟我分享了她在自己生活中的一個小準則，這個小準則讓她不會承擔太多責任，保持心情穩定。它是這樣的。你準備好了嗎？

「不要承擔超過你能禱告的責任」

什麼？我請她進一步說明。她以她慣有的溫和平靜方式解釋說，每個新的承諾都會帶來新的人與情況，進入到她的生活中。因為她是個時常禱告的人，自然會想為這些人禱告，將每個情況周圍發生的一切帶到神面前。因此，她決定，如果沒有時間為這個新的承諾而帶進她生活的一切承擔起禱告的責任，那麼她就會拒絕。

如果她的禱告生活由於其他的承諾和家庭狀況而超出她的負荷，她不希望她在靈性上處於緊張狀態。她無法為新的承諾承擔禱告的責任，就只好婉拒了。她覺得不需要任何進一步的解釋。她只會微笑並溫柔地告訴他們，她不得不拒絕。

在可能過度承諾的情況下，堅持自己的信念是種令人不舒服的經驗。人們不會了解，他們會向你施壓。如果你不默默讓步，他們可能咄咄逼人。在某些情況下，你們的友誼可能會受到影響。（如果在你徹底禱告並做出對你和家庭最好的決定後，對方還不了解你必須拒絕的原因，那麼他們又會是多好的朋友呢？）

堅持你的立場，保持一貫態度，這需要專注的操練，以及許多的智慧和恆久的忍耐。但神非常樂意給我們這一切。你只要記住，**你不欠別人你為什麼拒絕的藉口**，但是你會欠神你為什麼答應的解釋。

同意讓你付出了什麼代價

我們的生活是由一連串決定所構成。許許多多的決定。事實上，心理學領域的專家估計，當我們清醒時，每小時會做大約兩千個決定——平均約兩秒鐘就做一個決定！加總起來就是每天大約三萬五千個決定！為了不讓你認為這是誇大其辭，在過去的三十秒裡你可能已經決定要抓一下被蚊子咬過的地方、喝口水、看看窗外是什麼車開得這麼快、看一下時間、習慣性地扭一下你的耳環，並把書翻到你正在閱讀的那一頁。

我們在做決定方面的智慧——或是缺乏智慧——極大程度塑造了我們今天的生活，更別說是我們的未來。如果我們想要建立一個討神歡心的生活，而不要讓我們因過度承諾而感到壓力，就必須在做每一個決定之前刻意仔細權衡。這樣我們就能過上我的朋友麗莎所說的「無悔人生」。

麗莎是我的同工，也是我認識的人中最有目標的人之一。她在做決定時十分明智審慎。我從她身上學到了許多事情，不僅是關於福音事奉，也是關於整體的生活。

去年有一天，我正在和她討論我的人生階段，也就是說人們常說的夾心餅乾期——在這段時間，你要在照顧孩子並將他們送進這個世界，以及照顧年邁的雙親之間不斷來回切換。我和她分享了我試著處理我所有的責任，並同時兼顧事奉時體驗到的挫折感。麗莎很了解我，也深知我經常承擔比應做的更多的事情。事實上，大約每三年我的生活就會因為承擔過多責任而幾乎陷入困境。於是，我會經歷卸下過多責任及重新評估的一段時間，確保我只會將神為我預備的事情放回到生活裡。

當她和我在討論這件事時，她介紹給我「無悔人生」的概念，這是她從她的一位導師身上學到的。麗莎說——

你可以全部都做……只是不能一次做全部。如果我們想要活出「無悔的」人生，就必須明白，**我們需要成為自己的領導者，根據人生階段來決定選擇的優先次序**。就像你冰箱裡的牛奶一樣，你的人生階段也蓋上了到期章。不是所有你做的決定都會無限期地保留給你，像是養育嬰兒、探望年邁雙親，甚至是某些職業和教育機會。

她接著建議——

花點時間檢視一下你目前蓋上了到期章的那些機會，排列出優先順序。對於無悔人生，最好的一個問題是：「**我在這個人生階段需要做什麼？**」這個問題的答案可能是「我想要開車接送我讀中學的孩子們，因為明年他們就會有自己的駕照了。」或者也許是「我要空出每週五晚上去探望我的父母，因為這些週五晚上不是無限的，我不想浪費其中的一天。」我們不是跌跌撞撞地走入無悔人生，而是選擇走入無悔人生。你今天會做什麼選擇？

真是明智的建議！當我們做出糟糕的決定——對我們應該拒絕的事情說是——時，我們必須誠實面對同意讓我們付出了什麼代價。它們讓我們失去了心靈的平靜。它們可能讓我們放棄探望那些我們最愛的人。它們有時讓我們失去真摯的友誼，而以虛假的取而代之——那些似乎只是因為我們能為他們做什麼而喜歡我們的朋友。最重要的是，當我們因為自己允許別人為我們填滿時間，而沒有選擇只讓神希望我們做的事排上日程，內心悔恨不已時，這些同意讓我們失去了平安。

儘管希望幫助別人、隨和圓融、值得信賴是種高尚的態度，但有時候人太好也會允許其他人占我們的便宜。是時候為了自己堅定立場了，不是以一種自戀的方式，而是以健康的方式。

這種方式把討神歡心當成我們的最大目標，而把愛人放在次要的位置。

我知道這會不容易，但為了達成這個目標，我要請你做一件你很可能不太擅長的事。它可能讓你覺得奇怪和不舒服，甚至可能讓你覺得是錯的、自私的。但事實並非如此。它是重要的，也是必要的。我們將一起探索這個陌生但是必須要有的概念。你準備好了嗎？

現在是你真正開始想想自己的時候了，至少這一次。**但不是用一種自我中心、只為自己著想的方式**。是時候讓你的生活更多地以你為中心了，事實上，這一切其實是關於你如何追隨耶穌。

✦ 給取悅者七個關於「不要！」的說法

這裡有一些值得思考的常用說法，如果你想要，甚至可以把它們記在腦子裡。當你開始在取悅人的道路上徘徊時，它們會幫助你重新調整思維。

- 不是每個需求都是你的呼召。
- 不要承擔超過你能禱告的責任。
- 他們的幸福不是你的任務。
- 你不需要別人允許你去完成神的旨意。
- 不要再把別人的感受當成你的責任。
- 你不欠別人你為什麼拒絕的藉口，但是你會欠神你為什麼答應的解釋。
- 你不需要每次都答應朋友的請求，但你仍然可以珍惜友誼。

第七章

這與你無關（但有時應該有關）

透過你允許什麼、阻止什麼，及增強什麼，你教會人們如何對待你。——小湯尼・加斯金斯（Tony Gaskins Jr.）

耶穌對他們說：「來，你們自己到曠野去休息一下。」因為來往的人多，他們甚至沒有時間吃飯。
——〈馬可福音〉六章三十一節

拒絕的話，我說不出口

在一個宜人的春日午後，我和朋友在一家地方上的咖啡館喝咖啡。中西部這裡的天氣才剛剛變暖，可以讓我們在喝著自己的飲料時，待在外面享受點陽光。但願陽光可以停留得久些。我一直很想試試這家地方上新開的店，這家店出名的是，他們在美味的拿鐵中加入天然油脂及有機的咖啡專用鮮奶油，而不是人工調味劑和假奶精。

我們先閒聊了一會兒，各自更新正常話題的進度，像是工作上發生什麼事，我們的每個孩子現在在做什麼。此時我察覺到我的朋友對某件即將到來的事情感到不安。她提到有個親戚要來和她住幾個禮拜，但我一點也不覺得她期待這次的拜訪。事實上，從她的語調到她身體語言都在在告訴我，她希望能夠用某種方式完全取消它，不要接待這個人。為了方便解釋，我們把這個可怕的客人稱為克萊兒表妹，稱呼我的朋友為馬蒂。

我專注地聽著，讓她可以慢慢釐清慌亂的思緒。我很好奇為何和這名家庭成員一起度過一段時間，會讓她如此害怕。事實證明，她有好幾個理由可以讓她如此憂慮。克萊兒表妹表面上看起來是個很有魅力的人，但是當她表現出和她展現給外面世界看的完全相反的行為時，她和馬蒂之間有過不少次的交手。在幕後，克萊兒表妹的魅力消失了，取而代之的是批評、操縱以及事事以自我為中心。

首先，她總是希望在自己方便的時間登門拜訪。她似乎不太關心她的主人家裡正在發生什麼事。事實上，她幾乎不曾詢問她計畫拜訪的時間對馬蒂而言是否方便。但是馬蒂不會把心裡的想法說出來。相反地，每當馬蒂進城時，她就會把那一年剩下的假期都休掉。

克萊兒在拜訪期間似乎總是不斷地抱怨。從廁所衛生紙不符合她的標準，到客廳電視的擺放位置不對，不方便她坐在房間裡最舒服的椅子上邊喝咖啡邊收看肥皂劇，乃至於客房床單的織數不夠高，都在她的抱怨之列。

但這些批評似乎不只是針對我朋友的住宿條件而已。克萊兒似乎很享受批評其他家庭成員和他們的生活選擇。她可以把一個針對完全不相關話題的簡單討論，牽扯到大家庭的某個成員身上。一旦她改變了討論的方向，就會挑剔這個大家庭成員生活中的每個小細節，或是因為他們做的（或沒做的）選擇而詆毀中傷他們。但她不滿足於繼續一個人說別人壞話，她常常會詢問我朋友的意見，或是要她同意她，她會這麼說，「你知道我的意思吧？」或是「你不同意嗎？」

這些令人不快的對話只是麻煩的一半而已。另一半則跟克萊兒表妹期待在拜訪期間得到的待遇有關。她給人一種印象是她期待被人伺候得好好的。顯然當她的腳踏進我朋友家裡的那一刻起，她對於如何使用咖啡機或是炒幾個雞蛋當早餐的記憶就完全消失了。克萊兒從不曾動過一根手指來準備任何食物，或是在吃完飯時收拾過一次餐桌。無論是購物、觀光或是外出吃晚餐，她都希望別人載著她到處去。她很少詢問我朋友當天的計畫，例如是否跟醫生有約或是在教堂裡有事要做。她表現得就像是她想做的事，比溫和的馬蒂可能得做的任何事情都更重要一樣。事實上，當我朋友提到不能開車送她去購物中心或當地博物館時，她似乎嚇到了。我坐在那裡，聽著克萊兒表妹是個多麼苛刻的人，我自己也害怕極了。我納悶當她們談到再次拜訪時，為什麼馬蒂不拒絕她。但是我跟馬蒂的進一步談話讓我明白，當這些年來她已經建立了一個跟克萊兒互動的模式，連一個小小的「不」字都不說時，現在要她直接拒絕克萊兒來訪的請求，實在太為難她了。

因為當被問到……嗯……呃……其實是被告知克萊兒表妹要來訪的日期時，馬蒂從來不曾拒絕過，反而用自己的休假來滿足拜訪的要求，於是她就讓未來的拜訪取決於克萊兒的時間表，而不是她自己的時間表了。

因為這些年來馬蒂從來沒有拒絕聽她批評其他的家庭成員，於是克萊兒表妹就以為當她想說閒話或批評別人時，隨時都能找到熱心聽眾了。

因為每當表妹來她家時，她從來都沒有對需要迎合表妹的壓力說不，於是馬蒂就建立了一種期望，讓人以為每當這個親戚在她家時，她都會扮演伺候人的角色。

所有這些沒有說出口的拒絕——以及我朋友以為這樣做不是很好的誤解——匯聚成阻礙關係正常運作的完美風暴。儘管馬蒂非常害怕接待這個人，但無論是完全取消這次來訪，或者至少設定邊界，清楚表明在這次拜訪期間有哪些表妹的行為是她會（以及不會）容忍的，她都覺得自己無能為力。

我知道這個例子相當極端，但我舉這個例子是有原因的。當我們重複對別人的意願讓步時——無論是沒有說出我們真實的感受或是為自己挺身而出——就是教會他們如何對待我們，為他們未來的不良行為鋪平道路。我們錯誤地以為必須永遠當個好人。**當個好人就意味著不說真話，幾乎不把情緒健康納入考慮範圍，然後拒絕的話說不出口，最終造成了我們的痛苦。**

當好人的代價

從我們很小的時候起，人們就要求我們要當個好人。誰不記得父母告訴我們要與兄弟姐妹「好好相處」，或是幼稚園老師糾正一個行為不良的學生，責備他們「這樣做很不好！」當個好人是人們對校園裡的學生、成人公民（好吧，也許不是在社交媒體上！）以及尤其是深愛耶穌的基督徒的期待。但是聖經也要求我們當個好人嗎？

在網上快速搜尋我在研讀和教導聖經時最常使用的三個翻譯版本——英文標準版（ESV）、標準譯本（CSB）及新國際英文版（NIV）——當搜尋「與人為善」（nice）一詞時，連一個單獨的結果都沒有出現。你可以找到一些相關的詞，如恩慈（kind）、溫和（gentle）或慈愛（loving）。但是與人為善似乎不在建造教會的材料之列。

這不表示與人為善的某一面是不值得稱讚的。我們當然不希望粗魯、麻木不仁、惡毒下流。與禮貌及委婉得體相關的與人為善當然是我們應該效法的行為。但是當我們與人為善過頭時，我們戴上的這個表面形象就會為我們帶來許多悲傷。

讓我們花點時間想想耶穌吧。人們會將祂描述為一個「好人」嗎？我們完美的救主——祂是完全的神也是完全的人——來到這世上向我們展示通往生命的道路。祂是否——透過祂的行為——向我們表明，我們應該為人所知的最重要事情就是當個好人？

莎倫・霍德・米勒（Sharon Hodde Miller）是《與人為善：為何人渴望別人喜歡及神如何呼召我們成為更多《（Nice: Why We Love to Be Liked and How God Calls Us to More）的作者，她這樣說：

「耶穌是慈愛且有恩典的，祂是饒恕人且有恩慈的，但祂不是與人為善的。祂是會離開九十九隻羊去拯救一隻羊的人，但祂也完全不怕得罪人。耶穌了解施恩與個人妥協的差異，了解說真話與不必要地疏遠人們的差異。祂沒有穿上閃亮的外衣，而是成為頑強的愛的具體化身。這也是我們被呼召去成為的，而不是當個好人。」

我們渴望得到好人的名聲——或是好女孩——這使我們不計一切代價也要保持和諧，極少顯露我們的真實情緒，因為這類行為可以討人歡心。**但當個好人是我們應該追求的目標嗎？**此外，當我們獲得「年度最佳好人好事代表」的成就時，這對我們的人際關係以及身心靈健康又會有什麼影響呢？

過度與人為善的代價

不計代價地提高成為好人的渴望，會在大腦引發一些有趣的反應。研究表明，當我們與別人意見分歧，或是沒有按照上級的要求去做時，無論那是一個直接的請求或是我們從對方行為得知的微妙暗示，腦部都會出現令人不愉快的反應。

二十世紀五〇年代時，社會心理學家所羅門・阿希（Solomon Asch）曾進行一項廣泛研究，這項研究屬於阿希從眾實驗（Asch conformity experiments）的一部分。這些研究的目標是觀察和記錄當人們順應或是反對同儕的想法時，會發生什麼事。

參與者被安置在腦部掃描儀中，然後閱讀一系列陳述，他們被告知這些陳述不是來自與他們為同儕的學生，就是來自是他們教授的教育者。原本預期實驗參與者會不願意和教授持不同意見，因為他們處於權威地位。令人意外的是，無論陳述者是同儕或教授，實驗結果都沒有區別。結果顯示，當參與者與同學產生意見分歧時，他們也會經驗到類似的不適感。

腦部掃描結果顯示，在「取悅者」出現不同意見的罕見時刻，一個腦部區域網絡會明顯活躍。協調決策的內側前額葉皮質，以及參與社會情緒、身體感覺經驗的前腦島，顯示出比其他區域更多的活動。過往研究將這些區域與認知失調的經驗，或是持有兩個矛盾信念的不適感連結起來。換言之，相較於他們的同儕，那些不喜歡持不同意見的人在面對他們不同意的信念時，往往會經歷到更嚴重的認知失調。研究人員認為這可能伴隨著更高的精神壓力及不適感。這意味著對心理壓力的敏感度與容易受到影響的脆弱性增加有關。

這項研究——以及其他我找到的類似研究——做出結論，我們經常為了與人和睦相處而贊同他人的看法，過度與人為善，只為了避免精神壓力。然而，我們經常沒有意識到過度與人為善——即承擔太多責任或說出日後令我們時常感到不安的假話——相較於現在誠實面對自己的想法與感受，可能在未來帶給我們比現在更大的精神壓力。

你曾自願為孩子的學校或是教會的活動待到很晚，以便打掃善後，只因認為你在做對的事、在做好事嗎？然而，活動那天晚上你非常忙碌，你要哄孩子睡覺，有一大堆的衣服要洗，隔天早上你工作上有個很大的專案要進行，而你還在準備。你提出加入掃除小組的好意完全打亂了晚上的生活規律，造成你要熬夜才能洗完衣服，並為你負責的專案做準備，而後者讓你精神上感到極大的壓力。無論如何，你同意承擔這項任務，只為了避免當你知道別人有這個需求並且期望你跳進去滿足他們時；如果你保持沉默，你可能會經歷到心理衝突。

還有其他善意回應讓你失去了心靈的平靜嗎？你是否曾答應週末要照顧朋友的寵物，即使你不是動物愛好者，而且對寵物的皮屑輕微過敏？然而，你知道她很難找到人幫忙，所以你認為提供幫助是在做好事。現在你將整個週末都困在家裡，整天打噴嚏。但是你可以保住你「大好人朋友」的地位，對你而言，這比避免你充當寵物旅館所帶來的精神壓力及持續氣喘還要重要。

我的朋友梅芮迪斯最近在我參加的一場虛擬會議上發表主題演講。她在演說中呼應了研究人員的發現。她說：「大腦天生就會保護我們避免可能傷害我們的事物，並讓我們受到為我們創造正面感受的事物吸引。」所以，**我們反射性地選擇起初令我們感覺愉快及正面的事物，因為這將維持我們的好人名聲，卻沒有意識到未來將要面對的精神緊張**。

精神緊張不是因為永遠當個老好人而付出的唯一代價。我們放棄了時間，這是我們最重要的商品之一。我們提供的所有幫助，或者跳進去捲起袖子解決任務的時候，或者當某人想要談話，我們卻沒有誠實地說出現在沒有空的時候，這一切都讓行動填滿了我們的寶貴時間。這些行動維持了我們的好人名聲，卻使我們無法去做應該做的真正工作，或是享受閒暇時光。

你的號碼不是熱線

渴望好人頭銜也會帶來其他關係方面的後果。我們也許以為這會提高我們在其他人眼中的地位。當人們需要我們的協助，或是希望贊同他們時，也許是如此。但這可能讓我們在與自己家人的關係上付出代價。我曾親眼看見過度與人為善——幾乎成了朋友、教會會友、同事和其他人的使喚對象——是如何造成了這樣的後果。

多年前，我有三個親密好友，她們同時經歷了不想要的離婚。她們都遇到了配偶出軌的情形。當我想到這些朋友和她們正在經歷的家庭巨變時，我的心都裂成兩半了。當她們走上這條不熟悉的道路並幫助自己的孩子適應家庭的新現實時，我十分渴望能扮演支持及鼓勵的角色。

這些朋友經常想打電話給我，以處理她們在配偶的婚外情曝光後陸續發現的新情況。或者，她們想要針對離婚程序中的法律相關事宜聽聽我的看法。有時她們只是需要一個可以靠著哭泣的肩膀。於是，她們拿起電話，撥了我的號碼。

由於我渴望成為她們的支柱，我以為無論白天或黑夜，任何時候她們打電話來都接起電話是一件很好、很正確的事。我會放下我和家人正在做的事情，為我的朋友扮演傾聽者的角色。在這些朋友之間，我一個禮拜可以輕易接到二十幾通的電話，我這樣說毫不誇張。我認為，如果我不接電話就太不厚道了。畢竟我是個在家教育自己孩子的全職媽媽，我的孩子可以毫無困難地在我傾聽朋友們說話時繼續做幾分鐘自己的家庭功課。

但是到了後來，我的二十四小時緊急熱線開始成了家中的一個話題。我丈夫真的不知道這件事，因為這些電話大部分都是在白天打來的，他當時在上班。但我的孩子毫不猶豫地表達了他們的看法。

其中一個說：「媽！你老是在跟×××講電話。」他們顯然對於我們的日子持續被打斷感到不高興。他們常常有關於學校作業的問題，但我卻為了接聽朋友的緊急電話而溜到另一個房間，或是待在屋後的露台上。

我試著在心裡為這件事找理由，說那是因為他們還是孩子，還不大能從服事的角度來思考問題。難道他們沒看見我的朋友當時需要我嗎？或是他們沒看見×××太太很快就要失去她的太太頭銜，需要一些情感上的支持嗎？

幾天後，我終於決定做一件一直以來該做的事：把整件事帶到神的面前。我非常確信祂會給我一個最好的解決方案，讓孩子和我站在同一陣線。然而，情況卻完全不是如此。

經過一段時間的禱告，我逐漸確信，我總是接起電話的習慣對我的每個朋友與基督的關係都是個損害。只要她們打電話來，她就接。他們很容易就能奔向我尋求支持、觀點與建議。但我持續讓她們能夠接觸到我，實際上是在阻止她們奔向神求助，而神才是她們首先應該要尋求的對象。

我們可能會失去心靈上的平安、時間，甚至是家庭關係。是的，當好人的代價是昂貴的，當我們把它當成終極目標時就會受苦。莎倫・霍德・米勒寫得很好，**「與人為善就像任何好東西或不好不壞的東西，當它變成一個終極的事物時，它就變成了壞掉的東西。」**

好吧，我現在相信了。與人為善不該是我們的最大抱負。那麼，一個甜美和悅、樂於助人、愛耶穌的女孩，到底應該怎麼做呢？

設定參數

我們在談到拒絕其他人時已經稍微碰觸到邊界的問題。當然了，在處理取悅人的毛病時，用行動讓其他人知道我們已經制定了清楚、可測量的邊界很重要。這些圍籬和護欄提醒他人，我們會歡迎、容忍或拒絕哪些種類的行為。

記住，**不是每個人都對你建立的邊界感到高興**。**但這樣做既是為了你的身心健康，也是為了他們好**。邊界問題的專家亨利・克勞德（Henry Cloud）博士這樣描述：

「當我們開始與所愛的人設定邊界時，會發生一件真正令人難受的事：他們受傷了。你曾經堵住了他們的寂寞、混亂，或財務方面的不負責任，現在他們也許感覺那裡有一個洞。無論那是什麼，他們都會感覺失落。如果你愛他們，看著他們這樣會令你很難受。但是當你面對某個受傷的人時，記住，界線不僅對你是必需的，對他們也有幫助。如果你一直讓他們可以不負責任，也許設立界線會促使他們負起責任。」

邊界實際上是種祝福。設定邊界，確保它們發揮作用。從長遠來看，你的人際關係將會變得更加健康。同樣重要的是在腦海中設定一組內部參數：我們將遵守的限制，這些限制可避免因為過度與人為善而損及我們的心靈平靜、日程安排，以及家庭生活。

這裡有一些內部參數可以幫助我們停止答應別人要拯救世界，並開始在行動前交由上帝來掌管我們的決定。首先，是我在高中新聞課學到的。

不要埋沒重點（bury the lead）

這個詞最早是出現在早期的報紙上。當記者寫稿時，必須聚焦在文章的主題上，尤其在標題中告訴人們主題。然而有時候一篇文章會因為塞滿與主題並不真正有關的次要冗贅事實而變得雜亂無章。這就叫做埋沒重點（原本是寫成lede，而不是lead。lede指的是一篇新聞報導的第一部分或第一句話）。一篇好的新聞文章要把標題重點放在最前面，而不是埋在好幾個段落裡。

我們在跟其他人交流時也會遇到類似現象，把拒絕的答案埋在許多的好意之中。你也許在談話一開始說你有多麼想幫忙，或是你對某人的處境感到同情。然而我們越是閒扯，就越是埋沒重點。然後，我們幾乎不讓它露出頭來！相反地，我們落入了由自己的前言鋪成的陷阱中，因而覺得無力拒絕邀請或是對人們的願望說不了。

把重點放在最前面。如果你真的感覺你的答案應該是「不」，那就從這一點開始，而不是埋沒你的重點。以這樣的說法展開和某人的對話：「我很抱歉無法幫你忙。但是……」然後給出你拒絕的理由。還是要表達對他們的同情，你可以展現關懷而不需要趕緊跳下去救援。**用明確的拒絕作為回應的開場白，這可以幫助你避免承擔一些本來不是你該做的事情**。

下一個準則如何？這是許多人幾乎不曾成功做到的。

等待別人向你求助

取悅者扮演著美國自願者大軍的角色。或者是歐洲，或是你住的任何地方。我們是第一個舉手捐錢的人，也是自願提供協助和服務的人。有一顆僕人的心是件很棒的事，我們應該尋找協助他人的機會，幫助完成學校、教會及社區的工作。但是我們不要犯了過度服務的毛病。

你不必總是當那個舉手自願的人。接下來的半年裡，試著不要報名任何事情。**等待別人詢問你**。然後，當人們詢問你時，在回答之前先想清楚，這是否是神在你生命中安排的一個服事機會。你不需要送出報名申請，不需要每次都舉手自願。

自願服務只是問題的一小部分而已。另一個問題是……

別再讓人「幫你自願」承擔任務

不幸的是，當我們用行為向其他人宣布我們熱心助人、有奉獻心到了過度地步時，他們就會開始沒有詢問過我們的意見就「幫我們自願」了。我們已經教會他們如何對待我們了。所以他們自然以為，如果自行在他們需要人手的空白欄位填上我們的名字，我們也一點都不會介意。

你可能不得不走出舒適區到外面冒險，但是勇敢一點。**禮貌而堅定地告訴他們，你了解他們需要幫助，但你從來沒有同意要提供幫助，所以你會禮貌地撤回協助。**

樂於助人是一回事。但是聽憑別人差遣，讓人們對你呼來喚去，總是假設你會站出來提供幫助，則完全是另一回事。別再讓你生活中的人們「幫你自願」做什麼了。

接下來……

別再過度解釋與道歉

我們需要讓回應精簡，只回答是要答應還是拒絕，以及一個說明原因的大致理由就好。別再告訴人們那麼多的背景故事（喔，我真是這方面的高手啊！）對方不需要知道所有大大小小的細節。

不知為何，我們認為這些細節的堆疊可以證明我們的拒絕是正當的。只需告訴他們大致原因以及你必須禮貌地拒絕就好。不需要其他解釋或道歉。

這裡有一個有益的口訣，你可以背下來……

「別急著回答，做個心臟檢查。」

我們常常在一次心跳的時間內就給出答案。更好的做法是暫時停下，禱告，想清楚你的答案應該是答應還是拒絕；**檢查你的心，確定你不是為了得到別人的喜愛和認可而答應這件事**。別急著回答。相反地，要至少花一天的時間反覆思考，求神賜下平安。如果提出請求的人就是堅持要立刻得到答案，那麼告訴他們，答案是你不得不拒絕。

好了，下面是一個我必須重複提醒大腦的準則……

不要再把他們的感受當成你的責任

從什麼時候起，我們變成要對生活中所有人的幸福負全部的責任？幾年前我對自己的生活做了一次誠實的檢視，這次的經驗告訴我，我把別人的感受當成了自己的責任。我就是無法忍受看到某個家人失望、某個朋友壓力過大，或是某個同事不開心。於是我會迅速採取行動，做或說些什麼，以便提振他們的精神或解決他們的問題。別人的感受不是你的責任。請允許神在他們生命中做工，而不是衝上去拯救世界，讓他們緊皺的眉頭鬆弛下來。這不是你的工作，這是神的工作。

試圖成為每個人所需的一切是一項極為費力的工作。它會抽乾我們心靈的力量，讓身體疲憊不堪。報名成為一個被榨乾的門徒——試著滿足每個人在每件事上的需求，為他們的感受負上全責——難道這是神想要我們過的生活嗎？這就是成為基督僕人的意思嗎？或者，把自己放在第一位，是可以的嗎？

好了，好了。我知道這個概念可能會引起一些爭議。但是讓我解釋一下我想說的意思。

按照你的意願行事（就這一次！）

我最近開始養成在我晨間散步時、下午做晚飯時，或是晚上上床前摺衣服時收聽一些播客（podcast）的習慣。我最喜歡的播客可是來自五湖四海。除了與靈性成長有關的播客之外，我也訂閱跟居家布置、時事、歷史、生產力及創意有關的播客。當我收聽時，有時是為了與神同行中成長，而其他時候則純粹是為了娛樂。

最近在看完一篇網路上的推薦文後，我決定收聽一個我以前沒聽過的播客。主題是自我關照。我以為會學到一些照顧自己身心靈的新訣竅，這樣我就可以處在最好的狀態——可以服事他人而不會犧牲自己的健康。老天，我實在錯得離譜。

相反地，我聽到自我關照概念被說成一文不值，而且不符合聖經的教導。從一開始就令人完全一頭霧水。主持人更多地談到去沙龍做新美甲的訣竅，或是外出購物買件新衣服，而不是關於她們花時間休息、反思和恢復活力後再重新出發，回歸到生活中女性、妻子、母親及朋友角色。自我關照被錯誤地定義為對於頭髮、妝容及衣著的輕浮關注。

當我聽著這個愛挑毛病的主持人和她直播的同伴來來回回地戲謔時，我感到十分沮喪。而且我把自己放在我認識的一些媽媽們的腦海裡，她們正處在我多年前的處境裡——在照顧幼兒的同時，自己身心俱疲。從我的手機中發出的聲音似乎沒有給這樣一位疲憊的母親一些喘息的空間。

她們的解決辦法呢？要是她更信任基督就好了。要是她更常禱告、更相信，那麼她就可以履行她在家裡的眾多職責，獨自照顧好她的小孩，一個人把整個家管理得井井有條。

雖然我沒有罹患過嚴重的產後憂鬱症，但我有一些朋友曾經得過。當我站在廚房裡為一鍋火雞辣豆湯切蔬菜時，想到如果她們聽到了廣播中正在說的責罰會怎麼想，不禁膽戰心驚。

因此，讓我先定義一下我所說的自我關照的意涵。我不是指購物之旅或把你的指甲塗成鮮豔的紫紅色（雖然我完全看不出來做這些事情有什麼錯。但是請把我的指甲搽成淡桃色，而不是豔紫色。它更適合我的白皙膚色）。我談的是**從你的責任中抽身一、兩個小時——或者甚至一天——讓身體休息，精神上重新整理一下你的思緒，並在靈性上與神連結**。

我們在生活、工作、教會及社區中的責任全都圍繞著我們打轉，結合成為令我們崩潰的完美混合物。現代婦女不是首先遭遇到這類問題的人。看看下面這段來自〈馬可福音〉的經節，耶穌和祂的門徒正在處理令自己頭暈目眩的困境。我們將在第八章繼續討論這個故事。

正是在這裡，我們看見耶穌與祂最親密的追隨者互動。這個場景被夾在祂聽說祂的表哥施洗者約翰被希律王斬首，以及祂在山丘上只用了五個餅和兩籃魚餵飽了五千人這兩件事之間。

我們救主的生活當然充滿了各種活動與人際關係。有歡喜的時刻，也有悲傷的消息。但是在這一切事情的中間，我們讀到了〈馬可福音〉六章三十一節中的這些話，這裡是擴大版聖經的經文：

耶穌對他們說：「來，你們自己單獨到一個荒僻的地方休息一會兒吧。」[4]因為不斷來往的人多，他們甚至沒有時間吃飯。

你能體會嗎？人們不斷地來來往往，許多人有求於你？你的日程安排如此緊湊，你幾乎找不到時間坐下來吃點東西？我不知道你的情形，但那聽起來似乎相當準確地描述了我目前的這個禮拜。所以，耶穌建議他們採取什麼補救措施呢？

祂向我們發出了一個盛大的邀請。再讀一遍。這次慢慢地讀……**「來，你們自己單獨到一個荒僻的地方休息一會兒吧。」**（Come away by yourselves to a secluded place and rest a little while.）

哦，所以他是叫我們去修個腳趾甲？去買個新的手提包？都不是。他敦促我們做一件更上位的事。

你毫無疑問可能聽說過關於「五個W和一個H」的說法。這些是每當你在收集基本資訊時要去思考的問題，例如新聞報導或是警方調查的資訊收集。這些字母分別代表誰（who）、什麼（what）、何時（when）、何地（where）、為什麼（why），以及如何（how）。

以問題的方式提出，針對這五個W和一個H的答案為收集一個主題的完整故事提供了一個公式。讓我們（以調查報導的方式）分解這節經文，看看是否能找到這六個問題的答案。（我們將按照它們在這節經文中出現的順序，而不是按照傳統的先後順序來討論。）

首先是「什麼？」基督在邀請我們做什麼？

「來」

我們翻譯為come（譯註：最簡單的定義為「來」）的英文字，希臘文的意思是「到這裡來」（come hither）。現在，如果這個老派的英文字hither讓你一頭霧水，它簡單的定義是「到（to）或是朝向（toward）」。當與翻譯成英文的away[5]這個字結合時，它有了多種含義，

4 此處根據上下文及作者詮釋，採用中文標準譯本的翻譯。

5 意為「離開、朝另一方向」。

包括「之後、從……下來（像是『到一個較低的地方』）、面對面、在……面前，以及私底下。」

好的。第二個W是……誰？誰應該來去？我們發現答案就在這句話裡：

「你們自己單獨」

希臘文在這裡與英文幾乎是一致的。它的意思是「你、獨自、排除其他人」。但是另一層意義透露了何時——你準備好了嗎？——我真喜歡這個詮釋……是當受到他人的催促或影響，但出於自己意願的時候。

好了，這讓意思變得很清楚，是耶穌在呼召，而我們不會拖著任何朋友一起參加這次的小旅行。

讓我們看看第三個W，即何處？我們的目的地是哪裡呢？

「到一個荒僻的地方」

地方（place）這個詞確實指的是「位置、地區，或所在地」。然而，它也可以用來表示一個機會。place和secluded[6]這兩個單字一起描述了一個被遺棄的、沒有人煙的地方，一個必須安靜以及無人打擾的地方。

為了讓整個畫面更為清晰，這裡是第四個W，即為何？為什麼要做這一切？這樣你就能……

「休息一會兒」

這句話最好按照字面意思直譯為：放下你的勞動，喘口氣，讓自己安靜下來，平靜而有耐心地休息，在短暫的時間裡安心放鬆。

這節經文中唯一沒有提到的似乎是何時以及如何。但也許不是。我們可以回頭看一下第一個詞組「來」[7]並辨別出是何時。希臘文的含義不只是有「來」的意思而已。它是個祈使句，

6 意為「荒僻的、人跡罕至的、隱蔽的」。
7 Come away，中文標準譯本及其他常用譯本如和合本均翻譯為「來」。

帶有感嘆詞的力量。因此，它不只是在陳述「來」，而是「現在就來！」（Come now!）它是立即而不匆忙的。

但也許是最重要的部分——如何，又怎麼說呢？

神創造我們每個人時，使我們獨一無二。就像沒有兩個人會完全相似一樣，也沒有一種靈活省事的、放諸四海而皆準的方法可以來到耶穌面前，得到祂應許給你的休息。事實上，我們要提防一種人：給你一個公式，一條排他性道路，告訴你，你必須走這條路才能獲得更新的人。

我們不要超越這節經文所寫的內容。**必須空出一段時間，放下勞動，喘口氣，好讓我們離開——獨自一人——到一個可以不受打擾的僻靜、無人之地**，這樣我們就可以安靜下來，私下尋求耶穌，在祂面前放低自己，與祂面對面，並從我們的勞動中得到喘息。正如這句經文的希臘文所說的，這是一個機會。而我們這樣做是因為受到了別人（神）的催促或影響，但我們是出於自己的意願而來。我們不能被強迫，必須心甘情願地選擇這樣做。

那麼我們應該什麼時候做呢？越快越好。

決定權在你

如果我是個愛打賭的女人，我敢打賭，當談到先考慮自己時，你那溫和善良、總是遷就的自我，身上的包袱可能比芝加哥歐海爾機場（O'Hare airport）三號轉盤上的行李還要多。我們覺得這個想法很陌生，認為它是錯的。我們對這整個想法有個複雜而混亂的看法。即使這是個被用爛了的例子，但概念仍是正確的：在打算幫助別人之前，你得先戴上自己的氧氣面罩。

雖然感覺起來就像我用非慣用手幫《大自然奇蹟著色書》（Wonders of Nature Coloring Book）中的蝴蝶翅膀著色時想要不畫出界一樣笨拙，但我還是採取了一些做法，幫助為我的心創造出喘息空間，避免其他人來打擾我。我意識到這些方法並不是不近人情。它們很有幫助。不只對我很有幫助，對其他人也是。我試著記住一件事：我正在教生活中的人允許他們如何對待我。

我現在經常在我的電子郵件帳號設定「離線訊息」，讓其他人知道我這星期很忙，無法馬上閱讀及回覆電子郵件。我也給他們一個日期，告訴他們我何時將恢復通信。

我重新整理了個人的臉書帳號，讓好友只剩下我的家人和同事，因為我只會使用臉書來幫助計畫大家庭的聚會（像是決定誰來帶焗烤甜薯泥），或是和我參加的一些不同團隊的同事交流。我生活中有些人不太滿意這樣的做法。他們很難想像有人會將他們「解除好友」。而由於許多人花費了大量時間在社交媒體上，認為「朋友」當然是越多越好，所以他們無法了解為什麼不是每個人都對臉書有這種感覺。

為了降低衝擊，在開始縮減我的朋友名單前，我禮貌地在一篇公告訊息中解釋，我只用我的帳號處理工作和家庭事務。我邀請人們到Instagram上和我互動，這是我最喜愛的社交媒體。現在我只有七十四個臉書好友，其中五十個臉友是同事。這個較短的好友名單讓我的腦袋不會裝滿一堆無用的訊息，像是十年前和我一起上過教會的某人今天吃了什麼午餐。它也讓我找回了可以隨心所欲支配的時間，我不再因為「幾分鐘」的時間總是變成半小時或更長而感覺有壓力。

我也沒有歉意地開始撥出一筆「心靈休息預算」。我可以將這些時間用在一個很划算的提供早餐的旅館房間，住個一晚。在那裡可以除了休息之外什麼都不做，也可以讀聖經，做我喜歡的活動來放鬆自己，無論是看部老電影還是寫信給一個新朋友都好。我也可以花少一點錢買個東西，像是新的禱告日誌、聖經學習書籍，幫我的擴香器買點精油，或是——最近才買的——降噪耳機，可以在那些我需要平靜和安靜的場合裡使用。（雖然我一個兒子也想用這對耳機，這樣他可以盡情地在震耳欲聾的披頭四音樂中健身！）

在你的生活中創造出空間和休息時間是可能的，即使對那些家裡有小孩的人也是如此。多年來我都和一個朋友交換看顧小孩，或是孩子們在祖父母那裡待一小段時間時離開去做自己的事。創意可以幫助你擠出時間，讓你恢復活力。但是決定權在你身上，由你來決定。你的身心靈健康是自己的責任，沒有別人可以為你決定。

某種意義上，這也是上帝的呼召。祂呼召你來，發現自己煥然一新。不要擔心別人會說什麼。你只需要討神歡欣，不必討人歡心。美國前第一夫人愛蓮娜・羅斯福（Eleanor Roosevelt）的看法是對的，她說，**「做你心裡覺得正確的事，因為不管怎樣都會有人批評你。」**

你是否有足夠的膽量，認真地做這個禱告，請求神賜予你勇氣，讓你可以響應祂的呼召而去？用你的眼睛讀它。用你的心來禱告。然後，堅持到底，讓你身體的其他部分去尋求那只有耶穌自己能給你的真正休息。

父啊，原諒我忽視了祢的命令，沒有和祢一起離去一段時間。我忙著照顧和迎合其他人，竟忘了撥出不匆忙的時間，單單坐在祢的腳前，浸泡在祢的話語中。請幫助我安排環境，好讓我很快可以有一段時間不受打擾地與祢獨處。願我深深飲下祢豐沛的聖愛，獲得我渴望的只有祢能給的平靜與安慰。奉耶穌的名，阿們。

✦ 如何停止榨乾你的心

我一屁股坐進沙發裡，此刻身心俱疲。我那善於察言觀色的貼心丈夫提議要帶我們三個幼小的孩子去他父母家過夜，好讓我喘口氣，我二話不說就答應了。畢竟，我的日程表已經塞滿了繁重任務——打理一個繁忙的家、照顧一個嬰兒和一個幼兒，還要想辦法在家教育一個幼稚園年紀的孩子（而我做得相當差，補充說明）。

我以為我的問題只是忙而已。我答應了太多請求，需要喘口氣，如此而已。但是連續三十六小時的補眠和放鬆並未解決我的困境。只是讓我更害怕，當我的家人回家時，我又得以跑百米的速度回到生活裡。

這不是我人生中唯一經歷到這種焦慮的時候。當我還是個大學生，在上課、大量參與學生自治以及其他課外活動時，我也曾努力要趕上一切。我還是我那層樓的宿舍助理，這表示我花大量時間幫忙其他人，無論是當他們忘記帶鑰匙時讓他們進到自己房間，或是當他們失戀或經歷失去時傾聽他們。因此我經常累到一個地步，感覺自己不堪重負，只想逃跑。

當我離開學校，開始追求自己的事業時，儘管造成焦慮的情形不同了，但同樣的疲憊感有時仍會籠罩我。

事實是，無論追逐事業還是追逐孩子，照顧家庭還是照顧年邁的雙親，我們扮演的各種角色均伴隨著責任；這些責任的腳步經常趕過我們，使我們永遠在玩一種追趕跑跳碰的遊戲。

這些責任義務可以抽走我們心裡的生命，而榨乾我們的心是個很難停止的過程。然而，〈詩篇〉六十二章五節為我們疲憊的心開了一個處方：「我的心哪，你當默默無聲，專等候神，因為我的盼望是從他而來。」[8]

這裡的休息（rest）這個詞在希伯來原文中的意思是「變得沉默或靜止不動」。這個詞組表示進展。我們的心（soul，譯註：這一經節中的soul，多數聖經中文譯本翻為心，聖經恢復本則翻譯為魂，有關soul的翻譯涉及神學解讀，有興趣的讀者可自行查考。）有時會進入一種不安的狀態，必須安靜下來。心的定義在此指的是「活的存有、生命、自我或人」。在希伯來文中，心指的是一個人的激情、食慾及情感。它是他們的內在存有。

詩篇六十二章五節的作者告訴我們如何療癒疲憊的心：「專等候神。」這裡的專（alone）這

8 Rest in God alone, my soul, for my hope comes from him.（CSB）；此處根據上下文及作者詮釋，採用中文和合本的翻譯。

個字在希伯來文中有個深刻的意思：「與任何其他想法形成鮮明對照；唯一奏效的解決方法；真貨，而非贗品。」

所以，當我們的心因為角色職責而被榨乾時，或是因為取悅人而過度承諾時，有個保證有用的補救辦法。它不是睡個覺，或是暫時放下責任，喘口氣——雖然這些東西也起了一定的作用。神是療癒，祂獨自就能撫慰與滿足我們的心。但是怎麼做呢？

當我們閱讀、學習，甚至背誦祂的話語時——這不是那種省事的解決方案，即只要做幾個清單上的行動，就能讓疲憊一掃而空——我們努力讓遇見的賜人生命的真理變成心的一部分，當我們這樣做時，就與耶穌發展出更親密的關係。

當我們與祂在禱告中交流時，也是如此。禱告不只是一份「給我什麼」和「祝福他們什麼」的快速採購清單，而是向祂傾訴我們內心一段深刻而專注的時光。

我們忽視我們的心，並承擔了後果。我們試圖用各種偽劣的手段來醫治它們。但心只能在神之中找到真正的安息，而且只要神就夠了。

你的忙碌是取悅人的直接後果；停下你的忙碌，休息一下吧。停下如此多的行動，休息一下；更改你的計畫，改成與祂同在吧。

第八章

真實生活的雜耍

在一個咖啡杯上發現的：「我正在戒掉取悅人的毛病。你覺得這樣可以嗎？」

求你教導我們怎樣數算自己的日子，好使我們得著智慧的心。——〈詩篇〉九十章十二節

過於擁擠的行事曆

你是如何記行事曆的？你選擇在手機上的數位行事曆，用點擊或滑動方式來輸入約會，設定任務通知提醒嗎？還是你偏好紙本，喜歡用紙筆書寫的老派方法來記下日程安排？由於我的事奉工作必須遠距工作，我不得不用數位方式至少記下我的工作約會。這樣同事可以邀請我參加在Zoom[9]上的重要會議。然而，如果可以選擇的話，我總是選擇一本活頁記事本。

我在購買日曆和記事本方面有自己的一套講究。每年我都在網路上搜尋辦公用品店或是Etsy[10]上的網店，就為了找到完美的記事本。而且風格越怪、色彩越鮮豔越好。我希望是讓字母在頁面上跳躍的可愛風字體，為我展示必須記住的醫療預約、家庭任務和工作約會。而如果封面是完美的鮭魚粉、知更鳥蛋殼藍，或是可愛的毛茛花黃，更會令我心花怒放。它安放在我的桌子上，依偎在我最喜歡的大號咖啡杯旁，看起來不是很賞心悅目嗎？（失陪了，我去拍個照片放Instagram。）

由於我喜歡用學年的方式來思考我的一年——也就是從八月到隔年七月——我會選這種類型的記事本。因此，每年夏天，七月的最後幾個禮拜，我都會為下一學年買一本新的記事本，拿起我的彩色擦擦筆，然後開始寫下日程安排與計畫。

這些五顏六色的筆不僅看起來可愛，還能發揮它的功能。我用藍色記錄到期日，個人時間用紫色。我用粉紅色記下我在部落格或社交媒體上的促銷活動，對家人的承諾用綠色。當我完成時，我看到我的各種責任畫出了一道可愛的彩虹，橫跨在我寶貝記事本的頁面上。

唯一的問題是？唯一的問題就是通常沒有剩下什麼空白空間了。你看，我總是重複出現這個有害的習慣。也許你也是。因為我想要好相處、樂於助人——而且也很難拒絕別人——所以我總是陷入讓別人告訴我該做什麼的模式裡，造成我的日曆上總是排滿了事情。

我會說這些年來，我在這方面已經改善了許多。曾經有段時間——我剛從大學畢業及新婚時——光是看著我的待辦清單常常就讓我喘不過氣來了。現在再也不會了。不過，壞習慣還是會慢慢地、悄悄地回到我的身邊。

9 一種常見的雲端視訊會議應用程式。

10 美國十分知名的網路商店平台，以銷售手工藝品為主。

幾乎每三年一次，就像時鐘一樣準時，我會覺得我的生活因為承擔的所有責任（或者更準確地說，我讓其他人為我接下而沒有推掉的所有責任！）而變得過於擁擠。因此，當我注意到我再一次快要分身乏術時，不得不面對現實，了解到有些事情必須割捨。

姐妹們，你的一天只有二十四小時。我也只有二十四小時。你最有生產力的朋友或最沒有效率的親戚也只有二十四小時。所有人都有著各種任務和責任要同時滿足，這是我們的家庭、家人、工作和社會角色帶給我們的。但似乎不是所有人都會用同樣的方式來搞定它們。有的人很擅長駕馭人際關係和責任之間的緊張關係。但其他人呢？不！我們在這方面特別糟糕。而我會是第一個舉手承認這件事情的人。

在這個領域努力掙扎了幾十年後，我意識到它令我筋疲力竭。我渴望別人認為我是個樂於支持、幫助別人的人，但它扼殺了我想要好好管理日子、明智地運用時間的渴望。結果，我的靈魂在受苦。我喜愛麗莎・特克斯特在她的書《做對選擇，讓生活變輕盈：別讓他人的要求支配你，找回自己的空間與自由》所說的。她正確地認知到這種進展。

「我們的選擇決定了日程安排。日程安排決定了我們過的生活。我們過的生活決定了我們如何花費的靈魂。所以這不只是關於找到時間而已。這是關於用我們擁有的時間來榮耀神！」

當我們允許其他人決定我們的日程安排時，就無法用我們擁有的時間來榮耀神了。而我們的靈魂正在顯示這一點——清楚地顯示出來。

所以，如何確定我們的日曆不會變得太過擁擠——用上我們顏色最協調的各種中性筆——導致神希望我們放在日曆上的事情被取代掉呢？是時候讓我們學會駕馭人際關係與待辦清單之間的緊張關係了。

你的人際關係與待辦清單

我們每個人的生活中都有兩個持續存在的現實，爭奪著我們的注意力：我們有一群人，也有一張待辦清單。但是對所有人而言，這兩個部分是不同的，它們的組合方式也是獨一無二的。

有個千禧年世代的職業婦女，住在市中心的現代高樓公寓中。她有份朝九晚五的工作，以及與同事、雙親、手足及朋友的人際關係。她乘坐大眾運輸工具。她週末在一家當地的婦女庇護所擔任志工。她的生活很充實，行事曆排得滿滿滿。

但有另一名女性可能過著全職妻子與母親的生活，她為一家五口張羅晚餐時，還要一邊跟各種責任搏鬥。她有個襁褓中的嬰兒，還有幾個年幼的孩子。她有一疊帳單要付，還有好幾疊碗盤以及一大堆衣服要洗——這些都在呼喚著她的名字。雖然她大部分的時間都待在家裡，但同樣也感受到她周圍的人與待辦清單之間的來回拉鋸。她的生活很充實，行事曆排得滿滿滿。

就在她住的鎮上另一頭，住著一名空巢期女士。在養育幾個孩子長大成人後，現在她只能為兩個人做飯了。她有份時薪工作，以及需要她協助的年邁雙親。而現在，一些天使臉龐的孫子女們也歡歡喜喜地進入了這個場景。雖然她覺得這個空巢期階段會帶給她更多屬於自己的時間，但是她錯了。她的生活很充實，行事曆排得滿滿滿。

無論處於生命中的哪個階段，或是現在主演的各種角色為何，當我們在做那些將會影響周圍的人與職責的決定時，都傾向於讓行事曆塞得滿滿滿。我們經常沒有認識到一件事：周圍人與我們的職責是如何緊密地交織在一起。**我們如何為生命中最重要的人空出時間，同時又要在待辦清單的空格上打勾？**常見的情形是，我們將許可單發給那些該在生命中扮演小角色的人，將他們抬高到執行導演或製片人的位置。記住，如果你不深思熟慮地將時間排出優先順序，有許多人都樂意為你將時間填滿。

因此，讓我們改變這種情況，好嗎？先找出生活中那些似乎能成功地處理他們的任務而不會忘記家人的人。我的腦海中立刻浮現了幾位女性。她們都有自己的一群人，也有自己的待辦清單。但她們也有管理這兩者而不讓事情失控的訣竅。

不需要立刻接電話

我記得之前住的鎮上有位朋友，她似乎能夠游刃有餘地處理好幾乎跟我差不多的生活，我總為之讚嘆不已。我們都參加教會和社區的活動，而且當時我們都在家教育年紀最大的孩子。然而，令我非常困惑的是，她似乎如此冷靜而自信地執行著任務，而我在時間或金錢上則左支右絀，因習慣性取悅別人而過度承諾，總是焦頭爛額。於是我決定提高警覺，針對她的行為舉止好好調查一番，看看我是否能讓她乖乖吐出祕密。

在一個秋天的早晨，我把親愛的孩子們塞進那輛破舊但可靠的藍色迷你廂型車，驅車前往南部探望她和她的孩子。儘管我們沒有太多計畫——除了在孩子們玩耍時待在旁邊喝杯熱茶以外——我仍期待著這場成人之間的互動。

我一直都喜愛待在這位朋友的家裡。那是棟古色古香的紅磚式農場小屋，她將它布置得溫暖又宜人，完美地體現了她的性格。我們約在上午九點半抵達，我把孩子們從汽座上拉出來，拎起尿片袋子，就往她家的車道走去。

一番問候及擁抱之後，我們看見孩子們和他們的玩具都安頓好了，就坐在她廚房餐桌前聊聊各自生活近況。當我喝著柳橙風味茶，嘴裡嚼著她那天為我們做的美味瑪芬點心時，我聽到她的電話響了。

我把剛說到一半的話停下，滿心期待她會趕忙接起她的電話。至少那是我在生活中常做的事。電話響了，你就接。所以，令我驚訝的是，她就讓電話繼續響著，然後來電轉到了語音信箱。她似乎一點也沒有因為我們談話可能中斷而驚慌失措，也沒有對電話那頭可能是誰感到好奇。事實上，電話的聲音被調小了，所以她甚至聽不到誰正在留言。

最後，好奇心實在令我無法繼續保持沉默了。於是我脫口而出，「為什麼你不趕快接那通電話？我的意思是，你接了那通電話並說完話後，我們就可以立刻繼續談話了。」

她甜美地笑了笑，甚至想都沒想就說出了她的答案。「我們兩個很少有機會聚在一起。不管電話是誰打來的，他都可以等。而且如果是緊急情況，他們會立刻再打的。但因為他們只是留言，所以肯定不是什麼要緊事。今天晚餐後我會聽的。」接著她不慌不忙地喝口茶，立刻又回到了我們的談話中。

「你的意思是從現在開始要經過八小時左右才會聽那個留言？」我難以置信地問道。「好吧，」她回答，「我會去看看是誰打來的。如果是我家裡的人，我才會去聽語音訊息，然後回電話給他們。但如果是其他人，在晚餐結束並清理完畢之後我才會聽和回訊息。」

我目瞪口呆地坐在那裡。我猜自己從來沒有想過幾件事：第一，**我不需要電話一響就馬上去接起來**；第二，**我不需要那天一有空就馬上去聽留言**。我想我之所以養成了這樣的習慣，部分原因是我好奇是誰打來的，也因為我感覺別人對我有所期待。當有人說我沒有在電話響時接起電話，或者說我隔了一段時間才回他們電話時，我不喜歡這樣。我想那表示他們在隱約地暗示，我不是不在乎他們，就是我做事不夠有條理，才會無法及時回電。但如果我的朋友收到這樣的評論，她卻完全不會放在心上。因為談到在人際關係跟任務之間維持平衡時，她擁有某種我似乎缺乏的東西。

教會別人如何對待你

她有一個計畫。

那個早晨，我們其餘的對話轉向了她如何管理她周圍的人，限制他們對她的期望。你必須知道，我朋友一點都不是個強勢或主導性強的人。她是個更內省的人，有顆安靜、謙遜的心。霸氣絲毫與她沾不上邊。但是她十分擅長設定自己生活的邊界，為自己想要過的日子繪製藍圖。

我沉浸在她的一字一句中，她談到照顧自己的孩子時，包括在家教育當時就讀一年級的最大孩子，她從來不接電話。她認為這樣做讓她太過分心。事實上，她的生活裡有幾個朋友似乎常有大把的時間。他們經常打電話過來閒聊。雖然她也很喜愛這些朋友，但她知道對於滿足他們每天聊天的期待不感興趣。因為這樣她就沒時間陪伴孩子了。這樣做會耽誤她的腳步，讓她無法完成對家庭的責任義務。她也不想要讓這件事打斷她和一年級孩子的教學時間。她有一些親密的朋友，她與他們關係良好，但是她不會讓他們的重要性，高過她與家人共處的時間或是她的家庭責任，這樣的想法我還是頭一次聽到。

接著我們的談話又轉向了菜單的規劃以及超市購物的話題。我了解到她是如何提前做飯，這樣就不用整天守著爐子。我也發現她是如何抽出時間與她的雙親、更別說是她的丈夫相處，這些人在她每週必須聯絡的名單上都是排在最前面的。

接著我回想了一下，許多次我在白天打電話給她，她都沒有接。這種事經常發生。然後就像她說過的那樣，她會在晚餐後回電話給我，就像時鐘一樣準時。而我必須承認，這從來沒有困擾過我。她總是十分開朗，當我們都有空時，她似乎很樂意和我說話。我一點也不覺得受到了怠慢。即使她設下了一些明確一貫的邊界，但我們的友誼仍然在成長茁壯。

那一次談話之後，我滿懷希望地開車回家。更重要的是，我想到了一個策略，關於如何解開我陷入的人際關係高於責任義務的窘境。我決定在生活中採取同樣做法。這一點也不容易，因為電話鈴聲響起時，我似乎總是難以抗拒接聽的衝動。在那之前，我很少會讓電話響到轉入語音信箱。但我讓自己建立了一個很好的小慣例。那就是**讓電話響，讓來電的人在語音信箱留言，當天晚上再回電話給他們**。易如反掌。

我堅持著這個策略；當我忍不住想要接起電話時，就打一下自己的手。很快地，白天打來的電話少了。我忠實執行那個古老的建議，「你教會別人如何對待你」準則，朋友們（甚至一些饒舌的親戚們）都知道，我不會每次聽到電話鈴響時就立刻衝上去接電話了。

她在那天即興地為我上了一堂人生的課——關於如何管理你的時間以及你周圍的人——這堂課讓我開始了一項任務。我已經厭倦了讓自己活在別人的擺布之下。厭倦了讓他們說服我，或甚至讓我因內疚感而承擔任務。我不再想要即將來臨的日曆上幾乎沒有任何空白（或是在我的今天沒有任何餘裕），去做一些我覺得可以讓我愉快的事情。

事實上，我意識到已經有近十年的時間沒有從事過一項愛好了。我太忙於當個妻子、母親、教友、社區工作者、鄰居和家庭成員，沒有空只為了享受樂趣而去做任何事情。

這個清楚自己目標是什麼的朋友是個很好的例子，這樣的人能夠明智地管理他們的時間，而不會忽視自己的人際關係。**她不允許人們替她決定應該如何利用她的時間，但她仍維持良好的人際關係**。我從她身上獲益良多。

但這堂課不是上到我們這些富有生產力及目標清楚的朋友這裡就結束了。我們可以從耶穌的生活中學到許多智慧。祂雖然是完全的神，卻作為人在這世上行走。祂居住在我們這個旋轉的星球上時如何為人處世，也能向我們展示如何在不忽視工作的情況下去愛人及服事人。

看一看神

當耶穌行走在聖地塵土飛揚的道路及田野上時，祂擁有的時間和我們一樣多：一天就是二十四小時而已。一星期是一百六十八小時，一年是五十二週。根據《新約》的記載，祂似乎從不匆匆忙忙。然而，祂是神的兒子，肩負著一個非常重大的使命。祂的生活中充滿了人。祂有家庭、有朋友。祂工作、敬拜及休息。關於我們如何過生活，不只是成功地生活，而且是以討神歡心的方式生活，我們能夠從祂身上學到什麼？

四福音書上顯示，對基督而言，最重要的事情莫過於與祂的父神連結。祂花時間祈禱、學習聖經，經常是在祂專心事奉的時候。祂在選擇祂的事奉團隊——十二門徒——前請教了父神。當祂在實行使命的任務，包括一個下午餵飽五千個飢餓的人時，祂禱告。我們觀察到主在為祂要受的試煉做準備時禱告，無論是在危機中，或是在客西馬尼園被捕之前。祂也曾在事奉快要令祂不勝負荷時退到一旁禱告。

祂將花時間與神交通以便讓自己恢復活力，放在優先事項的首位，也許甚至是用永恆的鮮紅色墨水寫下的。祂將神的話語深藏在心裡。即便是撒旦在曠野中對付祂，也絲毫沒有贏的機會。祂有如反射動作般地引用記憶中聖經的話語來擊敗撒旦和他的詭計。

來到神面前，也就是透過禱告及學習聖經來與神連結，對你而言是最重要的嗎？你的行事曆是否證明了這一點？或者，你是否只是在進入忙碌的一天前匆匆忙忙地完成幾個代禱事項，就滿足了？就像第一節上課前在走廊上跟一個高中朋友揮揮手一樣，你是否在早晨跟耶穌說聲「嗨！」然後在一天的其他時間裡再也沒有想起過祂？我真不想承認，有些時候我必須對最後一個問題大聲地回答「是的」。唉。

耶穌在世上時有個緊湊的議程，裡面充滿了人和目標：

有時祂的事奉是向眾人傳講好消息。祂餵飽飢餓的人群或是治好了一個在人群中伸手觸摸祂袍子的女人。（〈馬太福音〉五章一至七章二十九節、〈馬太福音〉十四章十三至二十一節、〈馬可福音〉五章二十四節至三十五節）

祂的家庭成員不只包括父母，還有同母異父的兄弟雅各、約瑟、猶大、西門，以及表哥施洗者約翰。（〈馬太福音〉十三章五十五節、〈路加福音〉一章三十六節）

祂向七十二個人傾倒自己的生命，在他們啓程爲國度執行收割任務前訓練他們。（〈路加福音〉十章一至三節）

在大部分時間裡，祂都和十二個門徒在一起，透過祂的言行，親自向他們展示如何以身作則地生活。（〈馬太福音〉十章一至五節、〈馬可福音〉十章三十二至三十四節）

主甚至有一個核心圈子，裡面是與祂最親密的人：彼得、雅各和約翰。（〈馬太福音〉十七章一至三節、〈馬可福音〉十四章三十二至三十四節、〈路加福音〉八章五十一至五十二節）

陌生人向祂喝采。宗教領袖批評祂。一些人甚至祕密策劃要取祂的性命。

儘管耶穌生活中有許多的人，但祂也有一個計畫。一路走來，祂從未讓人們阻礙祂完成主要任務。

「主的靈在我身上，因爲他膏我去傳福音給貧窮的人，差遣我去宣告被擄的得釋放，瞎眼的得看見，受壓制的得自由，又宣告主悅納人的禧年。（〈路加福音〉四章十八至十九節）

令我深深著迷的是耶穌如何忠於祂的使命，又知道如何管理和人們的互動。祂沒有讓眾人勝過祂。祂有時會挑出一些人，如井邊的女人（〈約翰福音〉四章一至二十六節），有血漏的女人（〈路加福音〉五章二十四至三十五節），以及富有的年輕長官（〈路加福音〉十八章十八至二十三節）。祂在呼召上保持一致，但對祂的人際互動很有自信，知道何時向人們傾倒祂的生命，何時要退到一旁休息。

談到休息，耶穌對安息日是嚴肅看待的，雖然祂不是個律法主義者。祂承認我們必須遵循〈創世記〉中揭示的模式：勞動六天，第七天休息。但祂確實考慮到可能發生在安息日的緊急情況。祂公開說安息日是為人而設，而不是相反。所以，如果有動物需要救援，或是有人需要醫治，祂會改變日常慣例，在祂的休息日照顧他們。

祂不會被歸類成閒散或懶惰，十分樂於從事祂的工作，而且十分有效率。有時間拿支螢光筆，翻開〈馬可福音〉，每次當你看到立刻（immediately）這個詞就把它挑出來。耶穌是個有目標的人，祂不會浪費時間。祂是「更聰明地做事，而不是更辛苦地做事」這句格言描繪的典型。我們沒有看到祂讓人們的期待和願望阻撓祂完成使命，或是讓祂在情感上疲憊不堪。祂在做事、做人和休息之間切換自如，而且討神喜悅。

如果我們想要學會成功地維繫我們與人的關係，安排自己的日程，首先就必須處理耶穌用祂的生活向我們示範的一個課題。許多部落格文章寫過這個課題；大量的布道會以此為主題。但我們真正了解按照這個方式生活意味著什麼嗎？

我談的是**優先順序**的問題。

優先待遇

在與我睿智朋友那次邂逅的近十年後——她不允許任何人替她決定日程安排——我開了一個部落格。事實上，我是在她的催促下才開始寫部落格的。神在關於如何平衡我的人與任務方面教會我許多；取悅神、事奉人，同時拒絕被人們為我安排的任務所淹沒。

我希望部落格聚焦於幫助其他人在這方面向前邁進。於是，我想出了標語來說明我的理念：實際活出你的優先事項，愛你的生活。

我觀察到，那些看起來最熱愛她們生活的女性——有能力在辛苦工作、享受家庭歡樂，甚至是一些休閒活動之間取得平衡的人——是那些真正活出她們優先事項的人。

因此，在每篇部落格文章中，我都嘗試提供有創意的解決辦法以及可行的想法，幫助女性能夠處理生活中的優先事項，無論那是她們與神和家庭成員的關係，或是明智的時間管理，好讓她們能夠完成神呼召她們去做的任務。

不久我就確信，這個領域中最需要的是關於如何實際活出優先事項的建議，需要主動出擊，而不是被動等待。女性需要被賦予力量，成為她們自己行事曆的「主要決定者」，確保記在日曆頁或手機應用程式上的日程是來自神的直接命令，而不是想要討別人歡心的結果。

當問到我們的優先事項時，大多數人會將神放在第一位，其次是親密的家人，接著依序往下則是工作、朋友等。然而，我們行為在實際上卻描繪出一個相當不同的景象。

多年前，我在優先事項這個領域受到了挑戰，因為我終於承認我的優先事項完全亂掉了。如果你當時問我優先事項是什麼，我會回答是按照下面次序排列的這些事物：

一、神
二、我的丈夫
三、我的孩子
四、其他大家庭成員
五、我的工作（我當時只是在一個家庭企業打工而已）
六、我身爲教會一員的責任
七、我的密友
八、我的鄰居及其他沒那麼親密的朋友

九、我在家庭外的責任

十、其他所有人與事

當你看看我如何計畫及過我的日子時，問題就變得很明顯了。**我的行事曆實際上與我聲稱的優先事項完全不符**。我常常讓一件優先性排名很高的事被某件排名遠不如它的事情篡位。

現在，當想到神在優先事項中排在第一位時，事情就有點棘手了。我並不是說這意味著每天要花最多的時間與祂同在。我們不能學習聖經八個小時，卻忽略了所有其他的責任。我的想法更多是：我是否每天撥出一定時間與神相處，將這件事當成優先事項？我是否每天花時間研讀神的話語、禱告，與神交通？或者，我是否允許其他事情排擠我與神相處的時間？

關於家庭以外的全職工作，也是同樣的概念。工作也許占據了一天中最多的時間，只因為不得不如此。但同樣地，這還是關於重要性的問題。你是否讓工作日整天受到優先排序更低的人打斷，他們不斷打電話、傳訊息，或者需要以某種方式從你身上得到東西？

以下是我在進行實驗時的情況，我不僅記錄下如何使用時間，還記錄每天一定不會錯過的人與優先事項，以及其他那些我直接忽略過的東西。

我本來應該和我的一個孩子（優先順序三號）一起處理某件事，但優先順序八號——一個不是那麼親密的朋友或從教會認識的人出現了。他們不是敲我的門、打我的手機聯絡，就是寄電子郵件給我，問我能不能當他們的救火隊。很快地，他們的危機變成了我的危機，於是我做了什麼呢？我把我的孩子放著不管，衝上去拯救世界。

為了實際仔細觀察這種事發生的頻率，我在寫部落格的桌子附近的布告欄上貼了張單子，上面是我聲稱的優先事項。接著，大約有三個禮拜我像一隻老鷹一樣地觀察自己，記錄每天我花時間在家庭、事奉工作和家務責任上的次數，以及每天處理其他人的事或是幫助其他人的次數。

當三個星期結束時，我統計了我的習慣，結果令我震驚。儘管我的家與家庭得到最多的時間，但我讓外面的人填滿了我的日子，因為我幫助那些不是我密友的人，我用我的行為訓練他們遇到……好吧……我把他們訓練成遇到任何事情都來找我！

我有許多天沒有閱讀和學習聖經，或是花時間禱告（我的優先事項一號）。但我卻幾乎沒有一天沒回別人的電話、電子郵件或訊息（優先順序四號、七號、八號和十號）。

那天，這個揭示了許多事情的測驗點燃了我的動力。我再也不想任人擺布，讓他們決定我的日程安排，隨時任憑差遣。我深深渴望我花時間的方式能夠與我聲稱的優先順序相一致。

這些年來，我在演講時曾鼓勵許多女性接受這項挑戰。擬定她們的優先事項清單，然後觀察行為，看看自己是如何排列順序的。因此，我經常在演講結束後幾週收到這些女士們的電子郵件，告訴我她們得到的結果。

有幾個人的測驗結果是非常肯定的；她們基本上花時間的方式與聲稱的優先事項相一致。但其他人則出現了完全鮮明的對比。許多人承認她們讓優先事項八到十號（十號！）勝過了二到四號。

我清楚記得一名女性，她和一群喜歡玩數位拼貼相簿的朋友非常友好。她透露從未錯過每週的拼貼相簿課程，卻經常忽略花些時間專注地和丈夫相處，花在閱讀及研讀聖經的時間更是少之又少。因為她的嗜好與死黨連結在一起，所以她不曾放棄它。

如果我們的目標是按照優先事項生活，就要改變行事曆。我們可以刻意安排行事曆，使它和生活中最重要的人事物相符，而不讓我們收到的許多請求（或許是來自我們自己被誤導產生的內疚感及缺乏計畫）滲透進任務中。做到這一點或許不會是有趣的事，但它將十分有效，而且你將因為與優先事項對齊而感到滿足！

拒絕存取

我滑開手機，點開我丈夫和我存錢的銀行應用程式。因為我希望這個帳戶有最大程度的安全性，所以從來不曾儲存我的帳號或密碼，每當需要查看銀行帳戶時，我總是手動輸入。我知道這似乎有點麻煩，但我的偏執戰勝了不方便，讓我感覺更安全點。

但是那個早上，無論我輸入多少次帳號和密碼，螢幕上方始終有同樣一列鮮紅的印刷字體在舞動著：「拒絕存取」。到底發生了什麼事？我想不通事情怎麼了。每隔幾天我都會查看一下我們的存款和支票帳戶，確定沒有發生什麼不尋常的事，或被收取我沒有授權的費用。（呃哼……像是我兒子付了五九點九九美金的終極格鬥冠軍賽的收看費用，好讓他和他那群吃披薩死黨可以收看一個晚上的比賽！）

最後我終於搞清楚哪裡出了問題。我是輸入了正確的帳號和密碼沒錯，但不是我們銀行帳戶的帳號和密碼。而是我的現金帳戶應用程式的帳號和密碼，當孩子們欠我錢時，我就會用它來跟他們收錢。（當我發現那筆沒有經過我授權的終極格鬥冠軍賽收看費用時，它就派上用場了。）

對許多人來說，行事曆的帳號和密碼好像公開播送似的，讓我們生活中的人可以未經授權就使用。他們不斷駭入我們的帳號，填滿我們的時間。當然，這不全是他們的錯。我們允許他們這樣做。然而，是時候更改登入資料，開始拒絕他們的存取了。

這裡有一些措施可以幫助我們成功地同時駕馭我們的責任與人際關係，既能取悅神，又不會讓我們疲於奔命。

從你的不可談判事項開始

拿出你的空白日曆——無論是數位還是紙本的——把生活中任何不可談判的事情都寫上去。**這些事情是不能更改的**。填進時間格，包括工作時間、照顧小孩或其他親戚的時間、家務責任，以及對教會的承諾。

接下來，留下一些空白

這個措施的重要性僅次於你的不可談判事項，因為它對你的精神健康很重要。**留下一些空白，好讓自己喘口氣，享受你的愛好，或者乾脆什麼也不做**。不一定要很多時間。

在有些人生階段，我們沒有許多的空白時間。當我還是有兩個小孩及一個襁褓嬰兒的全職母親，丈夫在一家汽車工廠上班，經常工作到很晚時，我一個禮拜只有一個小時的時間屬於自己，但天哪，我需要那一個小時！關心你自己的精神健康，努力為自己在一週中留下一些空白時間。如果負擔得起，每天給自己半小時的時間，完全不要安排任何事情。這不只是留給自己的時間，它也可以用來（在必要時）幫助某個真正需要你協助的人。

然後，訂定你自己的互動規則

制定一些具體規則，盡可能堅持下去。也許你在晚上之前不會回覆語音留言和訊息。我認識一個人，她對她與其他人的交往有自己的規則。她在週二回臉書留言，週四回Instagram私訊，週一及週三回電子郵件，週五到週日遠離她的電子郵件和社交媒體帳號。至於文字訊息和語音留言，她只會在緊急情況時才會立刻回覆，每個晚上花半小時回覆其他留言。如果她當晚沒有處理，就留到隔天晚上才會繼續處理。她生活中的人們都知道這些準則，所以他們不會期待立刻得到回覆，而是學會適應她的做法。

好了，下一個措施曾經有一、兩次讓我得到解脫。它是……

宣布你的決定而不是說抱歉

決定你的使用規則，然後極力為這些規則向其他人道歉，這樣做對你一點也沒有好處。不要說抱歉；宣布就好。下面是可能出現的情形：

當你回某人電話時，不要用「嗨，我很抱歉現在才回電話給你，但我正試著在晚餐後才回語音留言。」而是說，「我剛剛才聽到你今天早上的留言……」然後簡單地告訴他們你的答覆就好。如果他們針對你花了一些時間才回電說了些什麼，不要退縮。你辦得到的！只要聲明，「為了更有效地利用我的時間，我在傍晚才會一次回覆所有的語音留言。」完、畢，遊戲結束。沒必要進一步解釋。

下個措施是能夠讓你保持在軌道上的有趣方法……

給自己做個視覺提醒

有些人很擅長做視覺提醒。你可以動手做，用硬紙板、彩色鉛筆或馬克筆，或是在電腦上做。按照順序列出你的優先事項。甚至可以在頁面的最上方用放大的字體列出優先事項一號，然後用逐漸縮小字體的方式依序寫上其他的優先事項。將這個提醒放在你的書桌上——或者設成你手機上的螢幕保護圖片更好——這樣做可以在你和人打交道及執行計畫時提醒你，記得你的優先事項。

不想一個人做？那麼……

徵求另一位有優先事項問題的朋友幫助

別懷疑，你不是唯一一個努力想知道如何在維繫人際關係的同時搞定生活的人。找個也想要在這個領域成長的朋友。當你需要支持時，互相傳個訊息。你們可以一個禮拜彼此聯絡一次，看看事情進展得怎麼樣。知道你不是一個人，這會很有幫助。有個同伴提供支持及新的視角，可以讓這趟旅程走來更輕鬆一點。

這裡是一些我們不會經常考慮到的事情……

提醒自己，這不會只對你有幫助，長遠來看，對其他人也有好處

當你開始認真制定一個討神喜悅而且不會壓垮你的行事曆時，你可能收到來自其他人的反對。或者你可能忽然湧上一陣內疚感，或覺得自己好像很不近人情。當你劃下某些界線、制定一些最佳做法時，提醒自己，這樣做不是是為了拯救你的理智，也是因為長期而言，其他人也會受益。允許某人可以用強迫或使你感到內疚的方式去做某件事，這不是在幫助他們。這是在強化他們的不健康行為。也許他們需要有人站出來反對他們，拒絕再做一個容易被人推著走的人。這會教會他們尊重邊界和其他人的意願。

最後，在努力守護你的時間及行事曆的同時，不要過於死板。神可能有其他的計畫，所以……

對聖靈的催促要敏感

不要搞到走火入魔。**經常矯枉過正會讓我們掉進另一個陷阱**。我們不會希望變得缺乏彈性，不願讓神打斷日程安排。將我們的注意力轉向祂為我們計畫的其他事物。聖靈會敲打你心門，告訴你改變計畫、改變日程安排，對這些時刻要保持敏感。重點是要確定這是神指派給你的，而不是有人給你壓力，打斷你的日程安排。

充滿優先事項的靈魂

我拿起艾兒西奶奶在世時屬於她的古董縫紉籃子，從冰箱裡拿出一瓶鳳梨康普茶，然後漫步走到屋外，在我們前門磚砌走道旁的一張長椅坐下，享受著灑落的陽光。附近是小池塘，水瀑沖刷石子的聲音柔和而舒緩。我靜下心來，花個半小時做一件過去從不曾出現在我行事曆上的事情，但現在則是我每天的固定安排。這個新活動是什麼呢？

我想做的任何事！

這一天，我想做的事是讓我新買的一個新刺繡手作品有點進度——它是個可愛的竹圈，上面有三株多肉植物，隨意畫在奶油色的細棉布上。當我還在上小學時，母親就已經教會我刺繡了。儘管我非常喜歡從事這項活動，從大學以後，就再也沒碰過它。我就是似乎永遠都找不到（我的意思是擠不出）時間來。

有些日子，我會把半小時花在讀一本我真正想讀的書，而不是我的工作需要我研讀的書。其他日子，我會把iPad帶到屋後的平台上，在Pinterest搜尋新的食譜或新的居家布置點子。有時候，我則會拿起一條舒適的毯子，然後蜷縮在壁爐前的沙發椅上打個小盹。太美好了！

現在，每天撥出半小時做一件我想做的事可能看起來沒什麼了不起。但是對我來說，這可是個巨大的轉變。在開始掙脫討好別人的牢籠之前，我幾乎無法喘息片刻，更別說是騰出真正屬於自己的時間了。因為我忙著當每個人的救火隊，答應幫助所有人完成他們的任務，每當我察覺哪裡有需求時就立即提供協助，所以我把可以稍微品味閒暇樂趣的時間都用光了。

你知道半小時占一天的百分之幾嗎？幾乎就是百分之二！準確地說，它在你的二十四小時中占了百分之二點零八三。就這麼多！但不知為何，**這百分之二的喘息時間卻讓我可以按下大腦的重新啟動鍵，充滿熱忱地面對剩餘的一天**。

如果我沒有了解充滿優先事項的生活的重要性，就無法知道這樣做讓我能以最佳狀態面對工作和事奉；這樣做可以不讓行事曆過於擁擠，或是可以不讓我的靈魂因想要滿足所有人的所有需求而筋疲力竭、萎靡不振。

我們所有人都有一群人，我們每個人都有一張待辦清單。我們的生活中有些靈魂，可以愛他們，從他們身上學習；可以服事他們，從他們身上得到安慰。我們也有工作，對我而言，今天的工作可能是為我的香草園除草、烤一個香蕉蛋糕，或是回覆一封與事奉有關的電子郵件。我十分感恩能夠擁有有意義的工作，以及一群對我而言等於全世界的人們。

然而，我也意識到，當涉及這些人與這些任務時，我必須負起責任。不能讓我的日子被那些想要指揮我如何運用時間的人填滿。當我立志要按照神的心意來安排優先順序時，我就可以自信地向前邁進，在安排日程的同時，同時也與祂放在我生命中的那些人互動。

這當然不是個一夜之間就能培養出來的做法，它需要嘗試錯誤。可以肯定地說，它也需要膽量。當你安排日程，決定將你的時間給誰時，不是每個人都會對你努力取悅神的新做法感到興奮。

一個睿智的導師曾告訴我，你越是深思熟慮地對待你的時間，越是想要用你的日程安排來討神歡心，你就必須願意讓越多的人失望。姐妹們，她說得太對了！我知道我讓別人失望了；那些已經太習慣我幫他們過生活的人，他們不在乎那是以犧牲我自己的生活為代價！我也讓那些漸漸習慣期待我持續減輕他們的負擔，好讓他們可以擁有一些自由時間的人失望了。在最極端的情形裡，我不再讓那些指使我做東做西、恐嚇我按照他們意願來安排我的日程的惡霸為所欲為。而這些恃強淩弱者似乎一點也不喜歡我這樣做。但是有件事我可以肯定，那就是……

這是我曾做過最健康的決定之一，毫無疑問。

花時間去做艱苦的工作。在神面前誠實，讓祂幫助你清理行事曆，把它擦得亮晶晶。然後只把那些神呼召你去做的事與人放回去。

我們不必有內疚感。耶穌清醒時沒有花一分鐘的時間不斷迎合人。祂不停地與每個祂遇見的靈魂交談。祂有個明確的重心，知道使命與事奉為何；花心思與人們交流互動——無論人數多寡——就是神在那一天給祂的任務。願我們也能這樣做；**不要太擔心讓別人失望，但要更關心我們的所思、所欲與所為是否討神歡心。**

你的人，你的待辦清單。真實生活的雜耍。值得慶幸的是，你從神那裡得到的幫助也是真實的。祂會讓你有力量處理這兩者之間的緊張關係，然後自信地活出你的日子。

✦ 如何同時駕馭責任與人際關係？

1. 從你的不可談判事項開始

・無論數位或紙本，拿出你的空白日曆。
・把生活中任何不可談判的事情都寫上去。這些事情不能更改。
・填進時間格，包括工作時間、照顧小孩或其他親戚的時間、家務責任等等。

2. 留下一些空白

・不一定要很多時間，讓自己喘口氣，享受你的愛好，或者乾脆什麼也不做。
・如果負擔得起，每天給自己半小時的時間，完全不要安排任何事情。
・這不只是你留給自己的時間，也可以用來幫助某個真正需要協助的人。

3. 訂定自己的互動規則

・制定一些具體規則，盡可能堅持下去。
・範例：週二回臉書留言，週四回Instagram私訊，週一及週三回電子郵件，週五到週日遠離電子郵件和社交媒體帳號。

- 讓生活中的人們知道這些準則，如此一來，他們不會期待立刻得到回覆，而是學會適應你的做法。

4. 宣布你的決定而不是說抱歉

- 不要說抱歉，宣布就好。
- 範例：回電話的時候，不要用「嗨，我很抱歉現在才回電話給你，但我正試著在晚餐後才回語音留言」而是說「我剛剛才聽到你今天早上的留言……」簡單告訴他們你的答覆就好。如果他們有疑問，不用進一步解釋，只需要聲明「為了更有效地利用我的時間，我在傍晚才會一次回覆所有的語音留言」。

5. 給自己做個視覺提醒

- 可以利用硬紙板、彩色鉛筆、馬克筆，或是在電腦上製作，按照順序列出你的優先事項。
- 將這個提醒放在書桌上，或者設成手機桌布。這會在你和人打交道及執行計畫時提醒你，記得你的優先事項。

6. 徵求另一位有優先事項問題的朋友幫助

- 找個也想要在這個領域成長的朋友，當你需要支持時，互相傳個訊息。
- 一個禮拜彼此聯絡一次，看看事情進展得怎麼樣。有個同伴提供支持及新的視角，可以讓這趟旅程走起來更輕鬆。

第九章

一切都取決於你和神

如果你為人們的接納而活，你會因他們的拒絕而死。
── 唱片藝人克勒芮（Lecrae）

愛我的，我必愛他；殷切尋找我的，必定尋見。
──〈箴言〉八章十七節

勇往直前的決定

二〇〇一年的九月十一日，美國本土發生最具破壞性的恐怖攻擊，分別針對三個不同地方：紐約市世界貿易中心（World Trade Center）、華盛頓特區外的五角大廈，以及賓州尚克斯維爾（Shanksville, Pennsylvania）的一塊空地。

公認的正常生活暫時改變了。各種活動停止。人們整天坐在電視機前。即使是全國性的休閒娛樂大聯盟棒球賽，也在恐怖攻擊發生後立刻取消了比賽。當球賽恢復時，球季已經延遲了幾週。

接著，在那一天的十月三十日，二〇〇一年世界大賽的第三場比賽在紐約布朗克斯（Bronx）的洋基球場（Yankee Stadium）舉行。人們決定由當時的總統小布希（George W. Bush）來開球。這不是件容易的事，不是因為他已經五十五歲，要想辦法把球投到六十英尺又六英寸外的本壘上，而是因為他開球時必須穿上防彈背心。

在投出儀式性的第一球前，布希總統從從洋基隊隊長、傳奇的德瑞克・基特（Derek

Jeter）那裡獲得了一個小小的建議。總統打算從比球員使用的真正投手丘稍近些的位置投出那顆球。但基特建議他別這樣做。他不但堅持總統必須把球投到完整的距離外，也希望布希知道把球一路投回本壘的重要性。因此，為了增加這項壯舉的嚴肅性，在總統離開休息室走到球場之前，基特看著他，給了這位三軍統帥一個有力的建議，「不要讓球落地，否則他們會噓你。」

總統——現在心裡正想著他的球可能無法一路飛到捕手那裡而不落地——從休息區小跑到投手丘。接著，在熱烈的掌聲及「美國、美國」的歡呼聲中，他登上投手丘，在向觀眾致意了一會兒後，向本壘投進了一記正中直球。

沒有人——無論是民主黨或共和黨——噓他。

「噓！嚇到你了嗎？」

我們都害怕別人的噓聲，怕得要命。不管是從事職業，還是養兒育女，我們都不想面對來自群眾的譏嘲。不幸的是，這並不限於當我們確實沒把事情做對的時候。對我們這些喜歡取悅別人的人來說，我們也害怕沒有按照某些人對我們生活的計畫行事時，他們對我們發出噓聲。

我非常希望能早點學到這一課教訓。我花了幾十年的時間努力工作、表現優異、成就出眾、過度樂於助人，而且對人好到幾乎令人作嘔，就為了不讓別人嘲笑我。

小學年紀的我最想要討好的是老師，然後是遊樂場管理員，然後是學校祕書，尤其是校長。得到他們的肯定不只讓我有成就感，也讓我感到安全。

少年和青少年時期的我渴望的是同齡人的歡呼聲。我希望在體育課時被選入球隊、被投票選進學生會。如果我能讓名字出現在返校國王、王后選舉的選票上，那不是很了不起嗎？我在生命中的那五年左右時間裡做了無數決定，而這所有決定的直接原因都是這樣做會對我在同儕眼中的名聲造成何種影響。

邁入成年並沒有真正改變什麼。我還是把時間花在會讓我得到「好女孩！」讚譽的表現上，想辦法讓噓聲降到最小。我在婚姻、母職和事奉上所做的決定，全都是因為我想得到人們的奉承，而不是譏嘲。

不讓群眾發出噓聲是件令人筋疲力竭的事，而且它不會結束。它侵蝕我們的大腦，腐蝕我們的靈魂。當我們在恐懼群眾反應的心情下過生活時，就無法將注意力集中在獨一無二的那一位上，祂的意見、愛與接受才真正重要。

當人生走到盡頭時，我們的分數不是取決於群眾根據我們是否符合他們期待而發出的咆哮或歡呼聲有多大，不是。一切都取決於你和耶穌。祂是唯一坐在看台上的那一位。我們只為一個觀眾演出。

從噓聲到鞠躬

「好吧，」另一個球隊媽媽問：「你可以做這件事嗎？」我坐在一壘附近界外區域的戶外躺椅上，喝著巨大馬克杯裡的熱可可，努力想著答案。這位女士是我兒子巡遊球隊上另一個棒球員的母親，她剛跟我說了一長串舉辦棒球隊年終派對需要完成的工作。最重要的是，她不只問我是否能帶頭舉辦這個活動，還想知道我們是否可以在我家舉辦。

我知道她問我的問題是我「是否可以做」，而不是我「是否想做」。喔，我可以做得很好。組織活動、搞定食物和布置、計畫遊戲、準備一場精彩的派對，這完全是我的拿手好戲。拜託，我可是為我的大學策劃了所有的校園社交活動，這簡直是小菜一碟。但事實上，即便我可以，我也不想這麼做。

我正在處理我的妯娌——也是我最親密的朋友之一——經歷乳癌復發的悲慘消息。我們被告知要在那年的秋天提前過聖誕節，因為那時節前後她可能已經不在了。因此我盡可能常去看她，而每一次都要花上四小時的車程。還有我們最近才剛搬到新家，還在整理物品。最重要的是，我正在寫一本新書，必須利用我所有的空閒時間工作，才能在截稿日期前把它交給我的編輯。

我正在努力完成這些現實中的職責，這讓我想禮貌地回絕。但我知道這位媽媽對我的期待有多高。此外，我們家是這個球隊的新成員——如果我完全說實話——我想讓他們看看我舉辦一場成功的棒球聚會方面的聰明才智與才幹。於是我就答應了。我告訴她我很樂意主辦。但為什麼在回答她之後，我卻沒有感到高興呢？

討好人的行為經常是充滿驕傲（pride）的。幾年前的我或許不會承認這件事。但現在我知道這完全是事實。我們想要人們認為我們很有本事、很能幹。我們渴望維持一個良好形象。那天是我的驕傲讓我不願承認，我無法在舉辦年終聚會的同時不讓自己承受太大壓力，而且這會影響到我的家庭時間。於是我接下這個挑戰，舉辦了一個很棒的派對。每個人都對以棒球場為主題的食物和聰明的遊戲讚不絕口。他們都很高興，而我（雖然累壞了）也達到了我的目的：在別人眼中看起來不錯，我贏得了他們的認可。我願意接下這個責任沒有給我帶來噓聲。相反地，我的表現可圈可點。然而，正如經常發生的情形，驕傲帶給我讚美，卻不利於我與耶穌同行。

如果我們想要在生活中擺脫取悅人的模式，必須真誠地審視內心，看看是否有驕傲的問

題。我喜歡把它想成是我有「小我」的問題。當人們對「小我」提出負起責任、提供幫助、執行任務、履行職責……五花八門的要求時，「小我」只想到「小我」在別人眼中會是什麼樣子。當「小我」說是時，「小我」保持了閃閃發亮的形象，這樣「小我」就會繼續被認為是好的。一切都是「小我」在作祟。

驕傲絆倒我們

驕傲的問題遍布於整本聖經的經文中，根據我的計算，它至少被提到了一百零七次。這不是個應該輕描淡寫，以為這些經文不適用於我們的主題。我們很容易讀聖經，然後把經文應用到認識的其他人身上。但是當我們這樣做時，就是把聖經讀錯了。相反地，我們必須問自己，是否從聖經的書頁上看到自己的行為正凝視著我們。

現在，我談的不是你對一項成就感到滿足的那種意義上的驕傲。也不是指你對孩子、配偶的驕傲，或是當你整理好食品櫃，還按照字母讓香料罐排排站好時感覺到的那種驕傲。我是以聖經的方式來定義驕傲一詞。

在《舊約》中，名詞「驕傲」的希伯來文是ga'own。它源自詞根geeh，這是個形容詞，意思是「驕傲」（proud），這兩個用語都是指「傲慢、高傲、自大」。一個驕傲的人正是這樣的——充滿了驕傲！

翻開、點擊或捲動你的〈箴言〉書，你會注意到驕傲這個課題被提到了好幾次。

根據〈箴言〉十一章二節，「傲慢來，羞辱（disgrace）也來；謙卑的人卻有智慧（wisdom）。」當我們選擇驕傲時，羞辱就不遠了。希伯拉文的羞辱一詞意思是「責備、不名譽，以及羞恥」。有意思的是，當我們因驕傲而自我膨脹時，以為我們在別人眼中抬高了自己。但結果卻恰恰相反。我們收穫的卻是責備、不名譽與羞恥。

注意，這個經節也聲稱，**智慧隨著謙遜而來**。Chokmah是希伯來文智慧的意思。它指的是「戰爭或技術性工作的技巧」。它也指「在宗教及倫理事物上的明智審慎」。當我們與驕傲作戰時，就迎來智慧，而智慧幫助我們在神面前過正確而稱義的生活。

〈箴言〉還展示了經常與驕傲相伴而至的其他東西，閱讀下面這兩句經文，看看你是否能掌握到它們。

「在滅亡以先，必有驕傲；在跌倒以前，心中高傲。」（〈箴言〉十六章十八節）

「滅亡以先，人心高傲；尊榮以先，必有謙卑。」（〈箴言〉十八章十二節）

多麼不祥的預言啊！當我們在內心有了驕傲或高傲時，就要跌倒了。而且不是輕輕跌一跤而已，提醒你，是會導致滅亡的重重一跤。

最近，我們事工團主席在每週的員工會議上談到了這個概念。她在發表屬靈信息時談到了驕傲，重點放在兩個詞上：受辱與降卑。我喜歡她在解釋這兩種存在狀態的區別時所做的描述。

謙卑的人自己屈膝，讓自己降卑。他們不看自己過於所當看的，因為他們對自己有準確的評估。然而，受辱的人卻因驕傲而步履蹣跚。但他們沒有降卑自己到那個謙卑的位置。相反地，驕傲讓他們絆跌。

驕傲絆倒我們。

保持謙卑

此外，注意到神對驕傲的人的看法也很重要。《舊約》和《新約》都談到了這個話題。

「敬畏耶和華就是恨惡邪惡；驕傲、狂妄、邪惡的行為、乖謬的口，我都恨惡。」（〈箴

言〉八章十三節）

「因為萬軍之耶和華必有一日，要攻擊一切驕傲的、狂妄的，和所有高抬自己的，他們都要降卑。」（〈以賽亞書〉二章十二節）

「就是你們各人也要彼此以謙卑為裝束，因為『神抵擋驕傲的人，賜恩給謙卑的人。』」（〈彼得前書〉五章五節）

神恨惡驕傲與狂妄。這些都是強大而強烈的情緒。祂對高傲和狂妄的人有個計畫，而且不是個美妙的計畫。他們要降卑。而且祂抵擋驕傲。也就是說，他們跟神是站在對立面的。然而，祂賜恩給謙卑的人。

我相信，在我們學會謙遜地仰望主之前，都不希望被絆跌。讓自己謙卑是個明智的開始。〈雅各書〉四章十節對此做出回應：「你們務要在主面前謙卑，他就使你們高升。」我們也在〈箴言〉二十九章二十三節中找到這一觀念：「人的驕傲必使他卑微；心裡謙卑的，必得尊榮。」

我在針對驕傲這個課題進行文字研究時，查閱了一些交叉引用，它們指出一些可能沒有驕傲一詞在裡面但仍然有關的經節。我喜愛〈詩篇〉三章三節中描繪的形象，它是這樣寫的：

耶和華啊！你卻是我周圍的盾牌，是我的榮耀，是使我抬起頭來的。

當我們驕傲時，除了自己以外，不會向其他人鞠躬。我們站得直挺挺的，沒有表現出任何謙遜的姿態。但是詩人卻說，耶和華使我們抬起頭來。我的一個親密好友有一次有了一個十分驚人的發現，當時她正處在驕傲之中。一天早晨，當她在閱讀聖經時，偶然看到了這節經文。她的眼睛掃過了關於主使我們抬起頭來的那些文字。就在那一刻，那些話就像磚塊一樣重重地砸在她身上。她感覺就像是神正在對她的心悄聲說「親愛的孩子，我無法抬起一顆不曾低垂的頭」。

哇！我懂！花一分鐘沉思一下這句話，我會在這裡等你。

你回來了？很好，我也是。好吧，我們有兩個選擇：讓自己謙卑、低下我們的頭和我們的心，或是因為太驕傲而無法誠實待人，這樣我們才能保持既有的名聲。當我們選擇後者時，就要絆跌了。

驕傲會誘使我們為了贏得朋友而過度誇大自己的性格。它會引誘我們將缺點縮到最小。它會哄騙我們做必要的一切，以便在別人面前維持一個堅實的形象，贏得別人的鞠躬，避免得到噓聲。這種過度驕傲與聖經中的另一個詞有關聯——偶像崇拜（idolatry）

嘩！是的，你沒看錯。但是請別急著把我貼上異端者的標籤。容我說明提出這個大膽說法的理由。

什麼是偶像崇拜？

大多數人從未想過我們會有偶像崇拜的問題。我的意思是，少來了！偶像崇拜的行為不是像古代的以色列人一樣，把所有的珠寶和工藝品都熔掉造了一隻金牛犢，然後還對它俯身敬拜嗎？或者也許今天的某些宗教會豎起雕像，建造祭壇，然後在它們面前奉獻敬拜，希望諸神會善待他們。我想許多人不會有一個珍貴的金屬牛雕像裝飾我們的客廳，難道那些警告偶像崇拜的經文不是與我們無關嗎？

我們看到在《新約》中，至少有三十次引用了偶像崇拜的主題。早期教會均得到不要崇拜偶像（idol）的警告，我們現代信徒仍要聽從這一警告。但到底什麼是偶像？它必須是人類手工製造，以金、銅或銀製成的東西嗎？

英文中的偶像一詞在希臘文中是eidolon。它的定義並不複雜：「一個形象，無論是真實或想像的。」因此，偶像崇拜就是對一個形象的崇拜，它不是人手打造的形象，就是想像中的形象。它變成一種被高舉的東西，它取代了神的位置。

好了，現在你正在一邊搖頭、一邊苦思。但是取悅人到底怎麼會像是偶像崇拜呢？因為下面這個進展：當我們討人歡心時，這樣做往往是源於驕傲。驕傲讓我們做出某些行為，以便維持我們能幹、本事強或富有同情心的名聲。因此，我們事實上是在崇拜一個形象，那個形象就是——我們自己！我們崇拜那個自己拚命想要保持的形象。可悲的是，我們往往努力要維持這個形象長存，以至於它甚至變得比我們跟神的關係更加重要。

十九世紀布道家及出版商德懷特・L・慕迪（Dwight L. Moody）觀察到，「今天你不必去異教徒的土地上尋找假神。美國到處都是假神。無論你愛什麼愛到超過了神，那就是你的偶像。」

當我們把其他人的意見和期待抬高到一切其他事物之上時，就是把它們放在神的位置上。當我們追求不計代價地保持某種形象時，就是把名聲高舉到我們與基督的關係之上。這兩個行動都將神從我們生命中的首位踢下去，用比神更小的人來取代神。最糟糕的是，這兩個行動都減少了我們對神的愛。無論我們愛什麼愛到超過神，那就是我們的偶像。

〈詩篇〉一百零六章三十六節警告我們這類偶像崇拜的行為：「他們又事奉外族人的偶像，這就成了他們的網羅。」網羅這個詞又出現了！記得希伯來文的moqesh嗎？當我們把任何事物置於神之上時，我們就被絆跌，甚至包括自己的形象。然而，要確保神在我們的思想中居首位並且指導著行動，可能極具挑戰性。畢竟我們長久以來已經陷入了取悅人的模式中。事情不會在一夕之間就改變。但也許你正處在我幾年前經歷過的狀態：你徹底厭惡陷入這種有害模式的網羅中難以自拔。允許神成為你的倚靠（confidence），讓祂溫柔地引你走出取悅人之地。所羅門王告訴我們這件事如何發生，他再次用了一個現在已經十分熟悉的詞。

忽然而來的驚恐，你不要懼怕；惡人的毀滅臨到，你也不要恐懼；因爲耶和華是你的倚靠，他必護衛你的腳不陷入網羅。（〈箴言〉三章二十五至二十六節）

我們必須在門口檢查我們的驕傲，不要讓它被帶到偶像崇拜的極端：靈性糾纏（spiritual entanglement）。神自己可以做我們的倚靠，給我們能力，讓我們更關心祂的看法，而不是其他人的意見。

注意力因素

這些年來，我從事過不少工作，在高中最後幾年曾在我父親的餐廳洗碗及擔任服務生。二十歲前，我偶爾會擔任家庭清潔工，做過全職保母，曾為一家地方電台兼差播報體育新聞。大學時，我是一個宿舍的住宿助理，也為整個校園規劃社交活動。今天，我寫書、研究聖經以及在教會和社區活動上演講，都可以拿到報酬。但如果你想知道哪個工作毫無疑問是我最喜歡的，那是我在我們當地的學區當了五年的代課老師。

沒錯，我熱愛當代課老師，甚至請求安排我去教中學，那是大多數代課老師最怕去的一棟建築物。但是在我擔任代課老師時，沒有發生紙團大戰、背上被貼上「踢我一腳！」或其他的惡作劇。我愛這些孩子們，他們也愛我。我的丈夫是個年輕的牧師，每週都會在午餐時間來學校幾次，這也許有幫助。他和學生們建立了良好關係，附帶的好處是，他們從來沒給我找過麻煩。

讓我熱愛這份工作的原因不只是這些孩子們。我也喜歡從心所欲，同時嘗試不同事物，這樣我才不會無聊。無論是木工車間或管弦樂團，體育課或陶藝，每天都是不同的。我甚至不在乎當我來到教室時才發現沒有指派任務，因為老師那天早上突然生病了。我會隨機應變。

我記得曾經和孩子們玩過一個遊戲，一個被蒙住眼睛的學生站在教室的一邊，而我這個老師則站在教室的另一邊。我會挑八個左右的學生隨機地站在我和那個被選中的學生之間。遊戲的目標是，被蒙住眼睛的學生要走到我站的地方，他要聽從我的聲音給他的指令。唯一的麻煩是，所有其他學生都可以自由地交談、大笑、叫喊，他們想做什麼來轉移被蒙住眼睛的人的注意力都可以。而站在教室另一邊的我，只能用正常談話的音量來說話。

通常會接著發生一堆搞笑的事。當被蒙住眼睛的學生努力想從其他同學的聲音中分辨出我的聲音時，會感到十分困惑。有些聰穎的學生甚至會盡力模仿我的聲音，正在努力找尋自己方向的學生簡直被他們完全搞糊塗了。

我以這個課堂遊戲作為實例，說明在所有積極爭取他們注意力的事情中做出智慧選擇的對話，但我認為它也十分適用於我們已經討論了八章半的課題。我們需要傾身仔細聽，才能辨別出，在那些鼓譟著要吸引我們注意力、填滿我們行事曆的所有其他人聲以及世界的噪音之上，有一個神的聲音。當我們更加堅持要這樣做時，就能學會自信及有安全感地行走，**擁有我們的選擇，自己決定要將時間花在哪裡，以及如何花費**。當我們傾聽並跟隨主時，困惑就減少了，自信則增加了。

當我想到一些聖經時代的人們，他們不顧別人的意見與期望而堅持跟從神時，我找到了力量：

當所有人都以爲他要建造方舟是瘋了，因爲當時甚至連一片雨雲都沒見到時，諾亞堅強站立並勇往直前。

約瑟沒有向波提乏夫人的欲望讓步——她也許是第一個絕望的家庭主婦！——而是把討神歡心放在取悅她之上，即便這對事業有幫助，還能讓他避免因她的誣陷而被扔入大牢。

儘管周遭的家人和朋友都對他在情感和身體上的苦難有一套想要他相信的說法，但約伯卻只傾聽神的聲音，信任神，超過任何人之上。

約書亞有勇氣遵從神的命令，無論這些命令在其他人聽來有多麼離奇。他通過這樣做，攻下了古城耶利哥。

亞倫、米利暗、摩西的母親約基別聽從神到了竟然不顧法老命令的地步。她將幼子放在一個籃子裡，讓他順著尼羅河漂流而下。這不僅救了他的性命，後來也幫助了她的人民，因為她長大成人的兒子帶領他們掙脫了在埃及的奴役。

〈新約〉中那個患有血漏的女人不顧鼓譟的群眾對她的看法，伸手觸碰了耶穌衣袍的縫邊。

在現代，我認識的一位可愛的資深聖徒馬・沙法爾最近去世了。她的孫子在悼詞中回憶她樸實無華卻滿有力量的信仰。「格里奶奶每天早晨都讀她的聖經，然後闔上聖經，走出去，做聖經中所說的。」我坐在那裡想，而我卻常常是讀房間裡的人的想法，然後做別人認為我該做的！

在所有這些例子中，人們的目標都是聽從神，而不是聽從人。身為一個數十年來持續與受到他人的意見及期望控制進行爭戰的人，我也知道這是可以做到的。當我們決定不要繼續告訴自己「我不能」時，就學會了這樣做。

我不能告訴他們真話，因為可能會讓他們失望。我不能對他們的請求說不，因為他們都指望我。我不能為自己站出來，所以我想我會默許。我不能捍衛我的時間，即使我知道滿足他們的需求會讓我承擔太大的壓力。

你今天決定要開始克服你的「我不能」了嗎？

當你向神奔去，而不是向人鞠躬時，神會給你力量。當然，對你來說，為自己站出來可能會有壓力。但是不管怎麼做都會有壓力。或者你因為直言不諱和說真話造成的結果感到有壓力，你可能會讓人失望、冒犯人，甚至是激怒別人。或者你會面臨執行別人願望的壓力，因為你決定討好他們，而不是做你覺得神在呼召你做的事情。

使徒彼得是學會戰勝自己「不能」的最好例子。在〈新約〉的敘述中，我們看到他遠遠地跟著耶穌，害怕別人的看法（〈馬太福音〉二十六章五十八節、〈馬可福音〉十四章五十四節）。他屈服並撒謊，在耶穌遭到背叛的那一夜，他聲稱根本不認識主（〈馬可福音〉十四章七十節、〈約翰福音〉十八章二十五節）。然而，在耶穌受死、復活和升天後，彼得卻變得剛強膽壯。他為福音挺身而出，把取悅神放在取悅其他人之上（〈使徒行傳〉四章十二至十四節）。教會傳統甚至說，當彼得在羅馬被處死時，他要求被釘在一個倒過來的十字架上，因為他認為自己不配用和耶穌同樣的方式死去。

如果主能把彼得從一個極端取悅人的狀態帶到可以如此大膽地為神而活，祂也能在我們身上做同樣的事。

精進你的軸心動作

我在當體育記者（以及身為兩名籃球員母親）的那些年學會了當投籃時軸心（pivot）這一詞的意思。這是當運動員將一隻腳牢牢釘在地上——這被恰當地稱為軸心腳——然後自由地移動，以便重新找到一個傳球或投籃的適當位置。當談到取悅別人時，我們必須學會精進軸心動作的藝術。

我們渴望取悅其他人的渴望，有部分是高尚、值得稱讚，甚至符合聖經教導的。當我們有一顆喜愛服事他人的心時，就反映了基督的心。但是如果沒有裝設護欄，我們取悅人的渴望就會橫衝直撞。

當我們對付驕傲與偶像崇拜，適當地將神放在駕駛座上時，就能學會過一種事奉的生活，向這個觀看的世界映照出福音。隨著我們更深、更緊密地與基督同行，就會越來越不害怕別人對我們或我們決定的看法。我們最關心的不僅是神怎麼看我們，更是關心神渴望我們如何充實自己的日子。我們還是能被用來鼓勵及協助其他人，但是讓我們先確定自己是被神使用（「被使用」一詞的正面意涵）而不是被人利用（「被使用」一詞的負面意涵）。

我努力不去想太多過去做過的所有錯誤決定，這些決定都跟我讓其他人的意見和期望支配我的生活直接相關。然而，有時候我確實會從這個簡單的觀點來思考這些決定：**我浪費了多少時間**。

我忙著四處奔跑，跳過每個其他人的火圈，以至於沒有時間可以慢下來，請教神的意見——透過禱告、默想及研讀祂的話語，找出祂對我面臨的各種環境與機會的看法。

我過於專注於其他人對我的看法，以至於我立刻就說好，並因此將我每週寶貴的時間花在滿足其他人的需求上，而不是先確定這是否是神要我去做的事。

我被執行任務及帶領專案綁住了，這樣做會取悅教會成員、和我一樣的運動媽媽，甚至是同事，卻往往傷害了自己的家人，他們只是渴望和一個不是忙得焦頭爛額的媽媽一起享受一點無所事事的時光。

美國開國元勛班傑明・富蘭克林（Benjamin Franklin）因為這句格言而聞名：「時間一去不復返。」確實如此。我無法回到過去，找回我為了取悅別人而花的那些分鐘、小時，甚至是日子。你也不能。然而，我們都能決定從這天起不再讓其他人透過行為對我們發號施令。相反地，我們會讓取悅人的傾向成為一個嚴肅的禱告事項，請求神每天引導我們，幫助我們分辨哪些別人的請求應該答應，哪些應該拒絕。

當作家J・R・R・托爾金（J. R. R. Tolkien）在《魔戒》（The Lord of the Rings）中讓他的角色甘道夫（Gandalf）說出這些話時，他呼應了老班・富蘭克林的說法。「我們必須決定的是要用我們得到的這些時間來做什麼。」但是在我聽到班或J・R・R關於他們對於如何花費時間的看法時，我的朋友黛比有句名言。我常在做重要決定時問自己一個問題，我曾聽她說過這是她的石蕊試紙測試。

當要在兩個活動之間選擇時，她會思考：「當我從墳墓裡回想過去時，會更感謝我做了哪一個選擇？」這種心理框架確實幫助我在決策過程中可以更加清明。

多年後，我是否會更感激我選擇花時間陪伴年邁的雙親，在中午和他們一起吃午餐，還是我在那一年第三次報名幫助我孩子的課堂募款？

我會感謝我選擇幫助淚流滿面的青少年女兒面對困難的中學人際關係，還是去參加一個朋友的最新產品派對，這樣我可以買點東西，幫助她贏得更大的女主人獎？

我會選擇永恆而不是暫時的事物，選擇必要而不是不必要的事物嗎？我們幾乎每天都會遇到這些選擇，有時快得來不及反應。**我們越是刻意讓自己慢下來，禱告並思考多年後會如何看待這些決定，然後才做決定，我們就越有能力做出這些決定。**

幾年前，演員及前青少年偶像大衛・卡西迪（David Cassidy）——主唱《歡樂滿人間》（The Partridge Family）的〈我想我愛你！〉（I Think I Love You）而知名——因器官衰竭而過世，享年六十七歲。正如我們在當前文化中常見到的，他的女兒凱蒂（Katie）在社交媒體上談論她父親的過世，感謝那些給予慰問及支持的人。她在一則推文中寫道：

「言語無法表達我們家人在這個煎熬時期從所有的愛與支持中得到的慰藉。我父親的遺言是『浪費了這麼多時間。』這句話將每天提醒我，要與我所愛的人分享我的感激，不要再多浪費一分鐘……謝謝你們。」

浪費了這麼多時間

我們無從得知卡西迪先生直接指的是什麼。然而，一個人從墳墓裡回想過去的那種令人不安的情緒，應該足以震動我們，使我們今天做出不會讓我們在多年後說出類似的話的選擇。

你是否準備好做出一些轉變生命的改變，以取悅神及愛人的方式為自己重新定位，而不是讓別人掌控你的生活？

你是否會在回答之前暫停一下，將其他人的請求帶到主的面前，看看祂的立場是什麼，而不是一股腦兒栽進可能不符合祂對你的最佳計畫的事情中？

當你知道將要同意一件無疑不該同意的事時，是否敢於說出你真正的想法，而不是向別人讓步？

你是否會坦誠面對取悅人的行為模式對你的影響，包括它產生的行為，以及它阻止發生的行為？

你是否會努力成為一個誠實、正直的人，委婉親切地說出真實情形，而不是只為了取悅別人而掩蓋它（即使只是如此輕微）？

你是否會學著說出往往難以啟齒的拒絕，而不是為了在別人面前保持你有本事、能幹或關心人的形象而不斷地說是？

你是否準備好過一種真實的生活——一個向觀看的世界展示福音的生活，而不是努力成為身邊任何人的救主的生活？

你是否現在就決定你會停止，不再因為不斷努力讓所有人快樂而讓自己過得很悲慘？

你是否敢於停止把人放在神的位置上？

只有祂才是我們應該努力取悅的對象。

祂會給你自信。祂會讓你克服「我不能」。

祂會幫助你過一個取悅祂並與他人和諧相處的生活，在這一路上祂會教導你和他們重要的課程。

祂準備好要幫助你改變了。你準備好要和祂合作了嗎？

你和我都能夠決定，從現在開始自信地過一個無悔人生。

你是否願意給我一個巨大的特權，讓我為你禱告？

父啊，我向祢舉起我這個承受著巨大壓力的姐妹；現在手裡拿著這本書的人。請幫助她看見她在祢眼中的無上價值。教導她，她不需要為別人的感覺負起全責，但她卻需要在祢面前為她的行動負責。當她需要時，請賜給她勇氣，以及溫柔卻直接的話語。願她學會管理取悅祢和與人相處之間的緊張關係。幫助她做出選擇，使她有一天從墳墓中回想時不會感到後悔。謝謝祢在祢愛子耶穌身上為我們做了最美好的示範。祂在處理祂的人與任務時總是時時徵詢祢的看法。願我們在對祢的奉獻中和與別人的互動中，都努力變得更像祂。我們奉祂寶貝的名求，阿們。

✦ 到底是誰在為所欲為？

當我們因為拚命想要讓每個人滿意而終於達到臨界點時，我們會跺著腳宣布，「我真厭倦讓每個人稱心如意！」由於我們沒有為自己站出來，或是捍衛我們的時間和精力，我們讓別人稱心如意。我們被他們控制了，成了一個「好好女士」。我們過度服務別人，為了和諧相處而隨波逐流，任人擺布。反覆如此。

然而，如果對自己完全誠實，這還不是故事的全部。在滿足其他人對我們行為的渴望時，最終成功的不只是咄咄逼人者、苦瓜臉人、內疚感轟炸者，以及其他各式各樣的人。還有一種人是我們行為的受益者。我大膽猜測，你也許從來都沒有這樣想過，所以請聽我說。還有一種人正在稱心如意。

你。

過去這幾年，神使我踏上的這趟自我反思旅程，讓我面對了現實。是的，我讓其他人稱心如意。然而，當我這麼做時，也得到了我想要的東西。我想要得到認可、欣賞、喜歡與愛慕。於是，當我讓步並取悅別人時，也以一種奇特而曲折的方式終於實現了我最終想要的結果。在聖經中有一個用語是這類行為的核心。準確地說應該是兩個用語。老實說，我認為它們可能會讓你感到驚訝。

謝詞

致我的經紀人梅瑞迪絲・卜洛克（Meredith Brock），謝謝你不懈的努力、創意的想法，以及你樂意在你出門接送小孩而我在家摺衣服時與我交談。

致卡洛琳・馬克奎迪（Carolyn McCready）以及你整個宗德文（Zondervan）出版團隊，謝謝你們對卓越的承諾，以及你們對我和我的事奉的鼓勵。

致我的箴言三一事工團家庭，尤其是感謝事工團主席麗莎・特克斯特，以及傳播執行總監格琳尼絲・惠特沃爾（Glynnis Whitwer）和事奉訓練執行總監麗莎・艾倫（Lisa Allen）。我喜歡和你們一起事奉。

致我在社交媒體及部落格上的網路社群。與你們連結既是個祝福，也是件充滿樂趣的事！謝謝你們的支持、鼓勵及各種想法。

致我由九十三位傑出女性組成的禱告團隊，感謝你們為我屈膝禱告。沒有你們，我不能，也不會想要寫出這本書。

致我出色的助理姬姆・史都華（Kim Stewart）及戴娜・赫恩頓（Dana Herndon），謝謝你們由衷的支持、高超的技能，以及快速的執行力。

致我的朋友妮姬・柯奇亞茲（Nicki Koziarz）、露絲・施溫克（Ruth Schwenk）以及寇特妮・約瑟（Courtney Joseph），謝謝你們總是只需要一條Voxer（譯註：一種即時語音通訊軟體，以讓手機變成對講機的功能知名）訊息就滿足了。

致我的母親瑪格麗特・派特森（Margaret Patterson），就在我即將完成這本書時，她意外過世了，感謝你如此深愛神、深愛我以及我們整個家。

致我的家人，我丈夫陶德以及孩子們肯娜（Kenna）、傑森（Jason）、米榭爾（Mitchell）、梅西（Macey）及史賓塞（Spencer）——三個是我親生的，兩個是因他們的婚姻產生的，但我忘記哪個是哪個了。我愛和你們一起經歷生活大小事以及在我們家庭群組裡一起歡笑。

致耶穌，感謝祢代我上了十字架，讓我在天國中有個永遠的家。難以言喻的感激。

✦拒絕的勇氣重點MEMO

給取悅者七個關於「不要！」的說法

這裡有一些值得思考的常用說法，如果你想要，甚至可以把它們記在腦子裡。當你開始在取悅人的道路上徘徊時，它們會幫助你重新調整思維。

◆不是每個需求都是你的呼召。

◆不要承擔超過你能禱告的責任。

◆他們的幸福不是你的任務。

◆你不需要別人允許你去完成神的旨意。

◆不要再把別人的感受當成你的責任。

◆你不欠別人你為什麼拒絕的藉口，但是你會欠神你為什麼答應的解釋。

◆你不需要每次都答應朋友的請求，但你仍然可以珍惜友誼。

值得背誦的真理

為了方便你參考，這裡再次列出第四章中關於誠實的經文。

◆ 不要彼此說謊，因為你們已經脫去了舊人和舊人的行為，穿上了新人。這新人照著他的創造者的形象漸漸更新，能夠充分認識主。（〈歌羅西書〉三章九至十節）

◆ 所以，你們要除掉謊言，各人要與鄰舍說真話，因為我們彼此是肢體。（〈以弗所書〉四章二十五節）

◆ 耶和華啊！誰能在你的帳幕裡寄居？誰能在你的聖山上居住呢？就是行為完全，做事公義，心裡說誠實話的人。（〈詩篇〉十五章一至二節）

◆ 卻要在愛中過誠實的生活，在各方面長進，達到基督的身量。（〈以弗所書〉四章十五節）

◆ 撒謊的嘴唇是耶和華憎惡的；行事誠實是他所喜悅的。（〈箴言〉十二章二十二節）

◆ 我的神啊，我知道你察驗人心，喜悅正直。（〈歷代志上〉二十九章十七節）

◆ 說實話的嘴唇，永遠堅立；撒謊的舌頭，眨眼間消失。（〈箴言〉十二章十九節）

◆ 你們應當行這些事：你們各人要與鄰舍說真話，在你們的城門口要憑著誠實施行帶來和平的審判。（〈撒迦利亞書〉八章十六節）

◆ 誰喜愛生命，愛慕長壽，享受美福，就應謹守舌頭，不出惡言，嘴唇不說欺詐的話。也要離惡行善，尋找並追求和睦。耶和華的眼睛看顧義人，他的耳朵垂聽他們的呼求。（〈詩篇〉三十四章十二至十五節）

◆耶和華恨惡的事有六樣，連他心裡厭惡的，共有七樣，就是高傲的眼、說謊的舌頭、流無辜人血的手、圖謀惡事的心、快跑行惡的腳、說謊的假證人，和在弟兄中散布紛爭的人。（〈箴言〉六章十六至十九節）

Road 016

別人的快樂建築在我的痛苦上

學會拒絕的勇氣，不再討好任何人

填回函雙重禮
①立即送購書優惠券
②抽獎小禮物

作　　者｜凱倫・艾曼
譯　　者｜陳雅馨
出 版 者｜大田出版有限公司
台北市一〇四四五 中山北路二段二十六巷二號二樓
E-mail｜titan@morningstar.com.tw http://www.titan3.com.tw
編輯部專線｜（02）2562-1383 傳真：（02）2581-8761
總 編 輯｜莊培園
副總編輯｜蔡鳳儀
編　　輯｜葉羿妤
行銷編輯｜張筠和
行政編輯｜鄭鈺澐
校　　對｜黃薇霓／陳雅馨
初　　刷｜二〇二四年三月十二日　定價：四二〇元
網路書店｜http://www.morningstar.com.tw（晨星網路書店）
TEL:（04）23595819 FAX:（04）23595493
購書 Email｜service@morningstar.com.tw
郵政劃撥｜15060393（知己圖書股份有限公司）
印　　刷｜上好印刷股份有限公司
國際書碼｜978-986-179-806-6　CIP:244.9/112003635

國家圖書館出版品預行編目資料

別人的快樂建築在我的痛苦上／凱倫・艾曼著；陳雅馨譯．——初版——台北市：大田，2024.03
面；公分．——（Road；016）
ISBN 978-986-179-806-6（平裝）
244.9　　112003635